Cocina
para los
alérgicos

LAIA BLAY BUDÍ

© 2014, Editorial LIBSA
C/ San Rafael, 4
28108 Alcobendas. Madrid
Tel. (34) 91 657 25 80
Fax (34) 91 657 25 83
e-mail: libsa@libsa.es
www.libsa.es

ISBN: 978-84-662-2707-0

COLABORACIÓN EN TEXTOS: Laia Blay Budí
EDICIÓN: equipo editorial Libsa
DISEÑO DE CUBIERTA: equipo de diseño Libsa
MAQUETACIÓN: equipo de maquetación Libsa
DOCUMENTACIÓN Y FOTOGRAFÍAS: Shutterstock y 123RF

DL: M 29159-2013

ABREVIATURAS: mg: miligramo
µg: microgramo

SÍMBOLOS UTILIZADOS:

 Alergia a los frutos secos

Intolerancia a la lactosa

Alergia al gluten

Alergia al huevo

Alergia al pescado

✓ Consumo permitido

✗ Consumo prohibido

Contenido

Introducción

Las **alergias alimentarias** provocan reacciones adversas en el organismo causadas por un alérgeno alimentario que pone en marcha la acción del sistema inmunológico; entre ellas destaca la producción de anticuerpos. Se denomina **alérgeno alimentario** a toda sustancia encontrada en un alimento susceptible de causar una reacción nociva en el individuo.

Los síntomas de una alergia pueden aparecer en el mismo momento de ingerir u oler un alimento concreto, o hasta una o dos horas después de su consumo. El desarrollo de la enfermedad tiene tanto factores genéticos como ambientales. Los síntomas pueden ser leves, o incluso llevar a sufrir un **shock anafiláctico,** que es una reacción tan grave que en algunos casos causa la muerte.

Las alergias alimentarias se pueden distinguir por el rango de edad. Hay alergias más comunes en niños y otras más habituales en edad adulta. La mayor parte de las enfermedades alérgicas aparece durante el primer y segundo años de vida, lo que ofrece un porcentaje elevado de niños con alergias. Posteriormente, las cifras se reducen conforme los niños van llegando a los diez años de edad. En la infancia es habitual la alergia a la proteína de vaca, al huevo, la soja y las intolerancias al gluten y a la lactosa. En edad adulta se encuentran más comúnmente las alergias al marisco, el pescado, los frutos secos y alguna de las anteriores.

El mayor problema de las alergias son las trazas en los productos alimentarios. Se puede saber perfectamente qué alimentos consumir o no, pero si no se tienen en cuenta los alimentos pro-

Shock anafiláctico

El shock anafiláctico es una reacción que produce un efecto generalizado en el cuerpo provocada por el consumo de un alimento en concreto, medicamentos o picaduras de insecto. **Se presenta de forma instantánea** y, en caso de no tratarse con rapidez, puede causar la muerte por fallo cardíaco o asfixia. Inicialmente parece una reacción alérgica leve, con síntomas como hormigueo en la nariz y la boca y congestión nasal, pero al empeorar provoca problemas respiratorios, seguidos de un shock.

Ante este tipo de reacción debe acudirse rápidamente a un centro médico o llamar a emergencias. Es necesario administrar a la persona **una dosis de adrenalina** para evitar que el corazón falle. Las personas con alergias graves deben disponer siempre de una inyección cargada con la dosis correcta de adrenalina por si sufrieran un shock.

cesados y sus posibles contaminaciones con restos de alérgenos, puede producirse una reacción en la persona.

Los síntomas que se generan por una reacción alérgica son:
- **En el sistema respiratorio:** sensación de ahogo, ronquera, estornudos, picor en la nariz y dificultad para respirar.
- **En la piel:** urticaria e hinchazón en ojos, boca, etc.
- **Corazón:** palpitaciones y dolor de pecho.
- **General:** mareos, pérdida de conocimiento y sensación de muerte en caso de un shock anafiláctico.

A diferencia de las reacciones alérgicas, las **intolerancias** no provocan reacción alguna del sistema inmunológico, si no que es metabólica, como por ejemplo la intolerancia a la lactosa, que es causada por la carencia o ausencia de una enzima.

El día a día de un alérgico

Una persona alérgica debe vigilar mucho el consumo de los alimentos excluidos en sus recomendaciones, pero más aún con aquellos que no deberían incluir el alérgeno pero que puede estar presente por contaminación. Generalmente, los alimentos más problemáticos son los procesados. La ventaja es que hoy en día la industria alimentaria está muy sensibilizada con el tema y en el etiquetado se suele indicar si el producto lleva un alérgeno o existe el riesgo de que se haya producido una contaminación cruzada. Esta última se refiere a que en el proceso de fabricado y envasado está presente el alérgeno y que por accidente puede terminar en el producto que lleva esta indicación en su etiqueta.

El diagnóstico

Muchas personas eliminan alimentos de su dieta porque tienen sensaciones desagradables después de haberlos comido. Para detectar una intolerancia o alergia hay muchos **métodos científicos** válidos y es importante realizarse las pruebas antes de eliminar un alimento de la dieta, ya que puede estar causando una carencia en el organismo sin ser ese el motivo del malestar.

Para conocer qué alimentos pueden causar una alergia o intolerancia se realiza un historial con posibles antecedentes, tanto familiares

Cocinar para un alérgico

Cuando se quiere cocinar para personas que padecen una alergia o una intolerancia, hay ciertos puntos a tener en cuenta. Está claro que hay que evitar aquellos alimentos que causan una reacción negativa, además de leer los etiquetados de los productos.

Pero también se evitará la posible **contaminación cruzada** que se realiza durante la elaboración de los platos y que implica que un alimento que contiene el alérgeno se pueda pasar a otro que no lo contiene. En este sentido, las precauciones a tener en cuenta son:

- Lavarse bien las manos antes de cocinar y después de haber tocado un alimento que contenga el alérgeno.

- Preparar primero la comida de la persona que padece la alergia. Así nos aseguramos de que todos los utensilios están limpios del alérgeno, como también el aceite a usar.

- No elaborar en freidora ningún alimento si no estamos seguros de que ese aceite es limpio. Por ejemplo, se puede haber cocinado croquetas y posteriormente patatas, que se impregnarán del gluten del rebozado.

- Leer siempre los etiquetados de los alimentos que se van a utilizar para preparar la comida.

- En la nevera y los armarios se deben almacenar los productos sin el alérgeno de forma hermética y separada del resto.

- Cuando se termine de cocinar el plato de la persona con alergia o intolerancia, hay que separarlo del resto de la comida y taparlo. A la hora de servir la mesa, servir este plato en último lugar.

- En la mesa es importante que todas las personas presentes conozcan la enfermedad ya que deben evitar salpicar con sus comidas, pasar pan por encima de platos que se consideran ausentes de gluten, mezclar unos cubiertos con otros, etc.

como de anteriores síntomas asociados a un alimento en concreto. A partir de aquí se llevan a cabo pruebas cutáneas de alergia, donde se colocan extractos de determinados alimentos en la piel pinchada y se observa si se produce alguna reacción.

Otra opción es acudir a un dietista que realizará la **dieta por eliminación**. Esta consiste en eliminar de la dieta los alimentos que la persona relaciona con el malestar y estar durante dos o tres semanas sin consumir ninguno de ellos para ver si los síntomas desaparecen. Posteriormente, se van introduciendo los alimentos uno a uno y de forma gradual, para conocer cuál de ellos es el que causa el malestar.

También es habitual realizar un análisis de sangre para conocer aquellos alimentos que provocan una reacción alérgica. Para realizarlos se introduce sangre del paciente en una probeta, se añade extracto de un alimento concreto y se analiza para comprobar si se han producido anticuerpos. Este tipo de ensayo nos indica si hay presencia de alergia, pero no nos determina la sensibilidad que puede generar en el individuo.

Alimentación equilibrada

Para toda la población, incluidas las personas alérgicas, la mejor opción para llevar una dieta equilibrada es la pirámide nutricional. En esta se muestra cómo debe ser la alimentación distribuida en grupos de alimentos. Va desde la base, donde se encuentran los alimentos que más se deben consumir, hasta el vértice. Estos son los alimentos incluidos en la pirámide:

CARNES, PESCADOS, HUEVOS, LÁCTEOS Y LEGUMBRES SECAS: están en el penúltimo piso y su consumo debe ser de dos a tres raciones al día de carne, pescado, huevos, etc., y otras dos de lácteos.

ACEITES, GRASAS Y DULCES: se encuentran en el vértice y su consumo debe ser de dos raciones diarias.

CEREALES Y DERIVADOS: pan, arroz, pasta, cereales cocidos, cereales de desayuno, etc. Se encuentran en la base de la alimentación y hay que consumir unas seis porciones al día.

VERDURAS Y FRUTAS: se encuentran en el siguiente nivel y deben consumirse unas tres raciones de vegetales y de dos a cuatro de frutas, por lo que son cinco porciones al día entre ambos grupos.

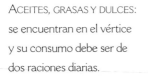

Tomando como base la pirámide de los alimentos se puede saber la cantidad a consumir de cada grupo de alimentos y con qué frecuencia.

Para las personas con alergia es interesante conocer cuáles son los alimentos que pertenecen a cada uno de los niveles de la pirámide, ya que las características nutricionales que poseen son muy parecidas y, por lo tanto, se puede sustituir un alimento por otro del mismo grupo. Por ejemplo, una persona con alergia al pescado puede cubrir las necesidades nutricionales a través de los huevos, lácteos, carne, legumbres, etc. Por eso es muy recomendable aprenderse bien la pirámide de los alimentos.

A parte de la pirámide nutricional se deben conocer qué son los macronutrientes y micronutrientes (analizados más adelante), sus funciones y los alimentos que los aportan. Así se facilita tanto la planificación de una comida equilibrada como la lectura de un etiquetado con los ingredientes usados en la composición de un producto.

Por lo tanto, aunque se padezca de alguna intolerancia o alergia alimentaria, hay que seguir una dieta equilibrada para no sufrir carencia alguna de nutrientes, lo que a la larga afectará seriamente a la salud. Muchos de los problemas padecidos en la vida adulta son consecuencia de una mala alimentación en la juventud.

Comer fuera de casa

En caso de comer fuera de casa, es importante llevar un listado de los alimentos a los que se es alérgico. Si se va a un restaurante, en primer lugar hay que **preguntar si se dispone de un menú especial para esa alergia** o intolerancia. En caso de que la respuesta sea negativa, se explicará muy bien al camarero o al cocinero qué alimentos son los que hay que evitar. En un restaurante es importante **elegir** formas de cocción simples como **plancha, horno o vapor** y **evitar los fritos y las salsas,** ya que es más fácil que estas últimas hayan recibido un alérgeno de forma accidental.

Se debe **evitar** todo **alimento del que se desconozca su origen o ingredientes,** como por ejemplo un helado. En caso de preguntar al camarero y que no esté seguro de si tiene o no el alérgeno, consultar si es posible ver el etiquetado. Si no lo tienen, es preferible decantarse por otra opción.

En caso de que el alérgico sea un **niño,** es esencial que en **el colegio conozcan su afección.** Se debe sensibilizar a los compañeros del riesgo que corre el niño en caso de consumir un alimento con el alérgeno para que no le ofrezcan comida si no están seguros de que no lo contiene. Si el niño come en el colegio, el personal de la cocina debe conocer su enfermedad y seguir un protocolo de actuación a base de menús especiales.

Alergia a los frutos secos

Los frutos secos son un grupo de alimentos que se caracteriza por tener muy poca cantidad de agua. Su contenido calórico es elevado, así como su concentración de grasas, proteínas, vitaminas y minerales. Principalmente, las vitaminas aportadas por los frutos secos son del grupo B, y se caracterizan por su contenido en ácidos grasos omega 3. A este grupo de alimentos pertenecen tanto los frutos con cáscara (nuez, almendra, avellana, etc.), como los desecados (pasas, orejones, dátiles, etc.).

La alergia a los frutos secos es una de las más habituales. Suele aparecer en los niños pequeños y es de las que se mantiene durante toda la vida. Su sintomatología, a diferencia de otras alergias, suele ser importante, llegando a poder causar la muerte con rapidez. Los frutos secos que más alergias suelen causar son **cacahuetes** (aunque en realidad son leguminosas), **nueces, avellanas, castañas** y **almendras.**

La alergia a los frutos secos es una de las que presenta **reactividad cruzada,** es decir, puede ser que una persona tenga alergia a las nueces y de repente le produzca una reacción el consumo de avellanas, aunque nunca antes le hubiera pasado. Esto es debido a que hay diferentes compuestos presentes en varios frutos secos que pueden ser los alérgenos causantes de una reacción. Por ejemplo, algunos estudios afirman que hay una reactividad cruzada entre avellana, maíz y almendra.

Para evitar dicha reactividad, lo que hay que hacer es comprar los frutos secos que sí se pueden comer siempre con cáscara porque así nos aseguramos de que no ha habido contaminación cruzada dentro de las instalaciones de la empresa que procesa dichos frutos secos. Y si se es alérgico a un fruto seco, lo mejor es hacerse las pruebas específicas de alergia a otros frutos secos y no llevarse un susto cuando se sufra una reacción fuerte a los mismos.

Entre las personas con alergia a frutos secos, también existe cierta sensibilización a la fruta fresca de la familia de las rosáceas, como el albaricoque y el melocotón. Y en algunos casos también existe sen-

Si no se consumen frutos secos

Los frutos secos son alimentos muy ricos en **minerales y vitaminas**. Si no se consumen, para sustituir los **ácidos grasos omega 3** de los frutos secos, el alimento que más lo contiene es el pescado y algunos de origen vegetal (lechuga, soja, espinacas, fresas, pepino, piña y coles). Y para poder reemplazar en la dieta el calcio de los frutos secos, lo mejor es recurrir a las legumbres.

Si se sigue una dieta rica y variada, la persona alérgica a los frutos secos no sufrirá carencia alguna de los nutrientes que ofrecen los vegetales, los pescados, las carnes, los cereales, la fruta y los lácteos. Analizando la tabla de alimentos se puede saber cómo definir y establecer la dieta habitual en los casos de alergia a los frutos secos, que por suerte son fácilmente evitables en la cesta de la compra.

sibilización (que no llega a ser alergia) al polen. Y si alguien sufre de alergia al pistacho y al anacardo, habrá que excluir de la dieta el mango porque son de la misma familia.

Este tipo de alergia alimentaria tiene la particularidad de provocar una reacción aunque el individuo simplemente haya tenido contacto por inhalación con el fruto seco. Los **síntomas** más habituales son:
- Náuseas, dolor de cabeza, erupciones de diversa gravedad, hinchazón de la lengua y los labios.
- En los casos más graves puede causar un **shock anafiláctico** y, por lo tanto, podría llegar a provocar la muerte si no se actúa rápidamente.

Los **alimentos a evitar** en caso de padecer alergia a los frutos secos son:
- Frutos secos (almendras, avellanas, anacardos, pistachos, pipas de girasol, castañas, nueces, cacahuetes…)
- Turrones y bombones, mazapán y pasta de almendra
- Pasta y cremas que contengan frutos secos
- Mantequilla de frutos secos
- Aceite de semillas (como el de girasol) o frutos secos

Es difícil que la alergia a los frutos secos cause alguna deficiencia nutricional si se sigue una dieta equilibrada. La característica más importante de los frutos secos, además del aporte en minerales y vitaminas, son los ácidos grasos omega 3. Si se consume suficiente pescado, las necesidades de este nutriente quedan cubiertas.

Alergia a la proteína de la leche e intolerancia a la lactosa

Es habitual pensar que la **alergia** y la **intolerancia a la leche** son la misma afección, pero son **dos enfermedades distintas** con dos causantes diferentes. La mayoría de personas con intolerancia a la lactosa puede consumir otros productos lácteos diferentes a la leche; en cambio, los alérgicos jamás pueden hacerlo.

La intolerancia a la lactosa puede ser total o por grados. Si la **intolerancia** es **total**, deberán evitarse la leche y sus derivados, así como todo alimento que contenga lactosa en su etiquetado. Estos alimentos también han de evitarse en casos de alergia a la proteína de leche. Los **síntomas** de la intolerancia suelen ser principalmente gastrointestinales, como **diarreas o estreñimiento, dolor abdominal, hinchazón**, etc. También puede producir reacciones como asma o urticaria, pero son menos frecuentes. Si es **intolerancia parcial**, se deberá comprobar con qué alimentos sucede.

La **alergia a la proteína de leche** provoca una reacción inmunológica comprobada, es decir, que el cuerpo genere anticuerpos. Los alérgenos son la **caseína** y las **seroproteínas**. Estas últimas son las proteínas presentes en el suero de la leche. Los síntomas aparecen cuando se introduce la leche en la dieta de los niños, aunque puede verse alguna reacción ya con la leche materna. Esto es debido a que hay proteínas de la leche de vaca que consume la madre que se transmiten al niño por la secreción de su leche.

Los **síntomas** dependen de la cantidad de leche consumida y del grado de sensibilidad de la persona. En general son los mismos que la mayoría de alergias, es decir, **urticaria, asma, inflamación en lengua y boca**, etc. Otra de las diferencias es que **en la alergia los síntomas pueden ser causados por tocar o inhalar**, es decir, no solo por consumir, como sucede con la intolerancia. La alergia a la proteína de vaca se detecta durante el primer año de vida y el 70% de los niños diagnosticados desarrolla tolerancia antes de los cinco años.

Las personas alérgicas o intolerantes a la leche tienen a su disposición muchos productos elaborados sin lactosa, por lo que su alimentación habitual sufre pocos cambios.

La **dieta** para las personas con **alergia a la proteína de leche** ha de ser muy **estricta**. Debe **excluirse**: la leche, sus derivados y todos los productos que contengan alguno de estos ingredientes, hasta que se compruebe el grado de sensibilidad de la alergia.

Estos son alimentos a **excluir** en caso de **alergia y de intolerancia total**: leche de vaca, cabra, oveja o cualquier otro animal; leche condensada, leche en polvo o leche evaporada; productos lácteos, como flanes, natillas, zumos con leche, etc.; chocolate con leche, turrón, helados…; embutidos; pan de leche, pastillas de concentrados, legumbres precocinadas, etc.; productos de pastelería y bollería, y en caso de alergia, hay que comprobar que los cosméticos que se compran no lleven leche.

Se dice que debe evitarse todo producto que contiene lactosa no por el hecho de que sea la causante de la reacción alérgica, sino porque **la purificación de la lactosa no es del 100%**, por lo que posiblemente habrá también en ese producto restos de proteína de leche. En el **etiquetado** deben buscarse palabras como leche, sólidos lácteos, caseinato, suero de leche, lactoalbúmina, aditivos E 325, E 326, E 327, E 472, E 480, E 481, E 482, E 575, E 585 y E 966. Estos aditivos son compuestos, como ácido láctico, latilato, lactona, que son sintéticos pero pueden causar reacción alérgica.

Carencia de calcio

La carencia principal por excluir los lácteos de la dieta es la del calcio. Por eso es importante suplir la dieta con alimentos ricos en este mineral y asegurar una buena exposición al sol para mantener unos niveles adecuados de vitamina D, ya que esta ayuda a absorber el calcio. Adjuntamos una lista de los **alimentos ricos en calcio**:

– Frutos secos y fruta seca: semillas de amapola, nueces, semillas de girasol, almendras, avellanas, pasas, dátiles, etc.
– Algas marinas como el wakame, arame, etc.
– Germinados de cereales, cereales integrales y legumbres.
– Verduras como el brócoli, espinacas, puerro, cebolla, etc.

Para evitar la desmineralización del calcio y la disminución de la absorción de este, no se consumirán en exceso proteínas animales, sal, alcohol, azúcares simples, etc. Estos acidifican la sangre y provocan que se desmineralicen los huesos para conseguir una compensación iónica.

Es fácil sustituir la leche por otro tipo de bebidas vegetales procedentes de soja, arroz, avena, etc. Una opción para asegurar un aporte adecuado de calcio es elegir estas bebidas enriquecidas con calcio.

Intolerancia al gluten

La intolerancia al gluten es conocida como celiaquía. El gluten es una proteína presente en algunos cereales (trigo, avena, centeno, etc.) que causa una reacción negativa en las personas que padecen esta enfermedad. En realidad el alérgeno no es el gluten, sino la **gliadina**, que es un componente de la proteína. Se estima que aproximadamente el 1% de la población padece esta intolerancia, y está comprobado que la prevalencia es mayor en mujeres que en hombres. Además, esta intolerancia es para toda la vida. Aparece en aquellas personas que tienen una predisposición genética. Por eso, es habitual encontrarla en miembros de una misma familia.

Esta enfermedad produce una degradación paulatina de las vellosidades del intestino. La velocidad de degradación depende de cada individuo y, si no se detecta a tiempo, se produce desnutrición. Esta se debe a que el intestino pierde la función de absorción de nutrientes de forma temporal, es decir, si se elimina el gluten de la dieta las paredes pueden regenerarse. **Los síntomas son muy variados**: empieza por problemas gastrointestinales, pero conforme se va degradando la pared intestinal y se produce carencia de nutrientes, los síntomas varían. Debido a las **carencias nutricionales**, es habitual sufrir **anemia** y **problemas en los huesos**.

Hay personas que tienen intolerancia al gluten y no presentan síntomas. Si se han realizado las pruebas y se ha detectado que padecen esta enfermedad, tienen que llevar una dieta sin gluten, aunque se encuentren bien.

Los **problemas** gastrointestinales más **habituales** son diarrea voluminosa con muy mal olor, vómitos, fatiga por la desnutrición, falta de apetito por el dolor abdominal, pérdida de peso, alteración en el carácter, abdomen hinchado, etc.

Es importante destacar que esta enfermedad puede aparecer tanto en niños como en adultos y los síntomas suelen diferir. El problema de que aparezca en niños y se detecte tarde es que por causa de la desnutrición surgen deficiencias en el crecimiento y retraso en el desarrollo y la pubertad. Las personas con intolerancia al gluten pueden **consumir sin riesgo**: **verduras y hortalizas frescas**: ensaladas y verduras en general; **carne**: todo tipo de carnes que no sean picadas, cuando su cocción haya sido controlada y sin otros alimentos que puedan contener gluten; **pescado o marisco**: pescado en general, que no sea rebozado ni preparados de pescado; **huevos**; **frutas** y zumos en general; **legumbres**; **cereales de arroz, maíz, tapioca y sus derivados**; **frutos secos** naturales; **leche y derivados**: yogures naturales, de frutas sin trozos y quesos que no sean fundidos; **harinas y derivados especiales** para celiacos.

Los **alimentos** que contienen gluten de forma natural y que por tanto **no pueden consumirse** son: cereales y derivados de trigo, cebada, centeno, avena, espelta, kamut y triticale; cerveza y whisky; harinas, pastas, galletas… de los cereales antes mencionados.

Uno de los mayores riesgos de la dieta sin gluten no son los alimentos que lo contienen, sino aquellos que pueden tener **trazas de este alérgeno**, como: verduras, arroz y patatas precocinadas; carnes con salsas de elaboración no conocida; conservas de carne y pescado; salsas; caramelos y golosinas; helados; patés; carnes picadas o embutidos; yogures con trozos; tortillas de patata precocinadas; conservas.

Al comprar un producto y leer el etiquetado de la composición, debe vigilarse que no aparezcan **términos** como: gluten, harina, cereales, almidones modificados, E 1404, E 1410, E 1412, E 1413, E 1414, E 1420, E 1422, E 1440, E 1442 y E 1450, amiláceos, féculas, fibra, espesantes, malta, levadura, etc.

Si no se consume gluten

Las personas con intolerancia al gluten tienen mayor riesgo de sufrir **deficiencia de hierro, vitamina D, calcio y ácido fólico**. Esto se debe a la **degradación de la mucosa intestinal** que crea una mala absorción de estos nutrientes. La carencia vendrá determinada por el punto del intestino que esté más afectado. Es buena idea comprar yogures y lácteos enriquecidos con vitamina D.

La celiaquía afecta sobre todo al yeyuno y el duodeno, lo que provoca la deficiencia en hierro y ácido fólico, ya que estos son sus puntos de absorción. El **hierro** interviene en la formación de hemoglobina y de los glóbulos rojos; su absorción se ve favorecida por el aporte de vitamina C. Para lograr hierro se aconseja el consumo de carne, arroz y las verduras con tonalidades moradas.

Por su parte, el **ácido fólico** es una vitamina hidrosoluble. Se encuentra en vísceras de animales, verduras de hoja verde, legumbres, frutos secos, etc. Y los carbohidratos se pueden obtener con las legumbres.

Alergia al huevo

La alergia al huevo es **muy común en niños** y su prevalencia suele ser **menor en adultos,** ya que desaparece conforme van creciendo. Es muy difícil que si no se ha detectado una alergia a este alimento de bebé, aparezca de adulto.

Se dice que la clara es la parte del huevo que produce la alergia, pero en realidad puede provenir tanto de esta como de la yema. En general, la reacción es mayor con el consumo de la clara porque en ella la concentración de proteínas es superior, y precisamente **el alérgeno es la proteína del huevo.**

Las proteínas identificadas como los principales causantes de la alergia son: **ovoalbúmina, ovomucoide y ovotransferrina.** Las dos primeras mantienen sus propiedades tras la cocción, por lo que su capacidad de provocar alergia no se ve disminuida. Los **síntomas** más habituales de la reacción son sobre todo cutáneos, y cursan con **urticaria y angiodema.** Estos pueden acompañarse de **problemas gastrointestinales** (por ejemplo, vómitos) o **respiratorios** más o menos graves.

Para verificar si se padece o no alergia al huevo se suele hacer una prueba de exposición, como se realiza también en otras alergias. Esta consiste en suministrar a la persona pequeñas cantidades de huevo e ir incrementando hasta que se observa alguna reacción. Generalmente se empieza con la clara del huevo duro, ya que en ella están los alérgenos más potentes. Después se pasa a la yema. Tras 30 minutos de haberla consumido, si no se detecta reacción alguna, se aumentará la cantidad ingerida. Se sigue este proceso hasta haber consumido todo el alimento.

Igual que sucede con el resto de alergias o intolerancias, el único tratamiento realmente eficaz es la exclusión del alimento de la dieta habitual, tanto en su forma natural como en los derivados del mismo. Hay que tener en cuenta que si el huevo de gallina provoca una reacción, el huevo de otra ave con facilidad también la generará, pero es recomendable probarlo poco a poco para confirmar dicha alergia.

Si no se consume huevo

Los nutrientes aportados por el huevo son fáciles de sustituir con el consumo de pescado, carne y leche entre otros, por lo que la carencia es poco frecuente. Los nutrientes mayoritariamente en riesgo son las vitaminas liposolubles, es decir, D, B12 y A. En cuanto a la carencia de proteínas, habrá que recurrir a las legumbres y la carne.

La vitamina A ayuda a la formación y mantenimiento de los dientes, tejidos blandos y huesos. También es importante para la buena salud de las mucosas y la piel. Hay muchos alimentos en los que podemos encontrar este nutriente, ya sea en forma de betacaroteno, que es un precursor de esta, o en la forma misma de vitamina A. Algunos ejemplos por orden de concentración son: hígado, zanahoria, boniato, espinacas, calabaza, lechuga verde, melocotón, guisantes, mango, etc. Y la vitamina D, que favorece la absorción de calcio y fósforo, se puede obtener con el pescado y la exposición a los rayos solares.

A continuación, se indican los alimentos en los que se puede encontrar el huevo y que por lo tanto **deben excluirse** de la alimentación habitual:
- Todos los productos de pastelería y bollería, como bizcochos, magdalenas, galletas, pasteles, etc.
- Pan y pastas
- Merengues, batidos, turrones, flanes, cremas, etc.
- Cereales de desayuno y galletas
- Embutidos, fiambres y patés
- Helados y caramelos
- Salsas, cremas y margarinas
- Bebidas alcohólicas aclaradas con clara de huevo.

Debe leerse siempre el etiquetado de cualquier producto que se vaya a consumir y tener en cuenta la declaración de alergénicos, ya que puede encontrarse el huevo como emulsionante, abrillantador, clarificador, espumante…

Algunos nombres que pueden aparecer en el etiquetado e indicarnos **presencia de huevo** son: lisozima, albúmina, coagulante, emulsificante, globulina, livetina, ovoalbúmina, ovomucina, ovomucoide, ovovitelina, vitelina, E 161b, etc. Y algunos medicamentos también contienen algún componente del huevo (lisozima principalmente), por lo que se debe informar al médico de la alergia o leer el prospecto antes de consumirlo. Un buen consejo es llevar siempre encima una lista con esos nombres para no olvidar ninguno al comprobar el etiquetado de los alimentos.

Alergia al pescado

La alergia al pescado es una reacción adversa, mediada por un mecanismo inmunológico frente a **algunas proteínas de este alimento**. Esta alergia afecta al 12-14% de la población adulta. Esta puede estar causada tanto por la proteína del pescado como por la histamina o por la presencia del anisakis.

El **alérgeno principal son unas proteínas del grupo de las parvalbúminas**. Estas son termoestables, por lo que **no se destruyen con la cocción**. Hay otras proteínas que también causan alergia y que son más específicas según la familia de pescados. Por eso algunas personas alérgicas toleran unos pescados, pero otros no.

Los **síntomas** suelen aparecer aproximadamente **una hora después de haber consumido el pescado** y se caracteriza por **problemas digestivos**, como vómitos repetidos, que a veces se acompañan de diarrea. En caso de persistir puede causar una debilidad general por deshidratación.

La alergia al pescado, al igual que sucede con el resto, debe ser diagnosticada de forma adecuada, ya que a veces se tienen reacciones adversas después de consumir pescado, pero puede ser porque esté en mal estado.

También es importante que la enfermedad sea diagnosticada por un médico para restringir los pescados que causan una reacción adversa. A veces puede ser solo al pescado blanco, o un tipo concreto de pescado, o incluirse también la alergia al marisco. En los casos más severos, se puede sufrir alergia a todos los pescados.

Es habitual sufrir alergia a un tipo de pescado y no a otros porque depende de las proteínas específicas de cada familia de pescados. Lo mismo sucede con las alergias al marisco: no implican tener rechazo en general. Para saberlo lo mejor es hacerse pruebas de alergia a los pescados y marisco más comunes.

Las personas alérgicas al pescado pueden sufrir una reacción alérgica al consumir carne de animal que haya sido alimentado con harina de pescado. Y hay que tener en cuenta que actualmente existe una gran variedad de alimentos que contiene proteína de pescado y que no son propiamente pescados. También se suelen incluir aceites de pescado en otros alimentos, como por ejemplo la leche.

A continuación, se mencionan algunos productos de los cuales se debe **controlar su etiquetado**:

- Rollitos de cangrejo congelados, gelatinas, surimi, sucedáneo de gulas
- Alimentos enriquecidos con omega 3 procedentes de aceite de pescado
- Bebidas alcohólicas clarificadas con colas de pescado

Si no se consume pescado

Una de las mayores carencias que se puede sufrir por no consumir pescado son las **grasas omega 3**, lo que puede suponer un problema de salud. Se debe consumir alimentos ricos en grasas insaturadas para evitar la posible carencia al no consumir pescado. Algunos de los alimentos por los que se puede **sustituir el pescado son**: aceites de semillas, aceite de oliva virgen y frutos secos. Y si se puede comer marisco, lo mejor es introducirlo en la dieta.

El **omega 3** y el **omega 6** (los números indican las instauraciones que tienen) son aceites esenciales que contribuyen a que el organismo funcione correctamente: **protege el sistema cardiovascular** porque reduce los niveles de colesterol y triglicéridos de la sangre; tiene un **efecto antiinflamatorio**, que también favorece a las paredes arteriales, las cuales se inflaman cuando hay un exceso de LDL («colesterol malo»); **evitan problemas de coagulación y de formación de trombos**; junto a la lecitina y la vitamina E, **reduce el nivel de colesterol en sangre** considerablemente, y **reducen la presión arterial** en los casos de hipertensión en las arterias.

En cuanto a la posible carencia de **calcio**, lo mejor es **consumir yogur, queso y nata**, y si es posible, enriquecidos con calcio y vitamina D. Y las proteínas que ofrecen el huevo, el arroz y las legumbres son una buena opción si no se consume pescado.

Los macronutrientes y los micronutrientes son los componentes de los alimentos que conviene conocer para poder llevar una **dieta equilibrada,** sobre todo en el caso de verse obligado a dejar de consumir un alimento debido a una alergia o intolerancia alimentaria.

• **Macronutrientes.** Son aquellos que aportan la mayor parte de energía al organismo. Los hidratos de carbono (también llamados carbohidratos), las proteínas y los lípidos son macronutrientes.

— Los **hidratos de carbono** tienen una función esencial: aportar energía al cuerpo, sobre todo al cerebro y al sistema nervioso. Los **carbohidratos simples** tienen uno o dos azúcares y se absorben rápidamente. Se encuentran por ejemplo en el azúcar de mesa, la miel, las melazas, los zumos, etc. No se consideran muy adecuados para la dieta ya que aportan muchos azúcares, por lo que aumentan las calorías consumidas. Y los **carbohidratos complejos** tienen más de tres azúcares y aportan almidón y fibra a la dieta junto con proteínas, minerales y vitaminas. Su absorción es lenta, por lo que aseguran un aporte de energía más constante al cuerpo. Estos carbohidratos se encuentran en panes, cereales, pasta, arroz, legumbres y vegetales.

— En cuanto a las **proteínas,** son macronutrientes esenciales para el crecimiento del organismo y están formadas por aminoácidos. El cuerpo rompe la proteína y la divide en estas moléculas para volver a unirlas posteriormente y formar el músculo y otros elementos necesarios para realizar correctamente las diversas funciones del organismo.

— Y los **lípidos** suelen tener mala fama por el elevado valor calórico que poseen, pero son imprescindibles para el cuerpo. Realizan funciones de reserva energética, estructural (forman parte de las membranas celulares y recubren los órganos para protegerlos), reguladora y hormonal.

• **Micronutrientes.** Son las sustancias (**vitaminas y minerales**) que el organismo necesita en menor cantidad, pero son imprescindibles, ya que su deficiencia produce enfermedades. Por eso en las explicaciones sobre las alergias de este libro se ha mencionado su posible carencia si se deja de consumir un determinado alimento. Habrá que buscar la manera de consumir dichos micronutrientes.

Recetas

A continuación se adjuntan las recetas clasificadas por grupos de alimentos con la advertencia de prohibido (✗) o permitido (✔) para cada tipo de alergia descrita. En cada una de ellas se realiza una valoración nutricional de la misma y se incluyen los minerales y vitaminas que pueden sufrir riesgo de carencias en las alergias descritas en el libro. Los cálculos nutricionales están realizados por ración y por persona. También se incluyen consejos muy prácticos para llevar una alimentación sana.

Los nutrientes incluidos en las tablas son: energía (kcal), proteínas (g), hidratos de carbono (g), fibra vegetal (g), lípidos (g), AGS (g), AGM (g), AGP (g), colesterol (mg), vitamina B12 (µg), ácido fólico (µg), vitamina C (mg), vitamina A (µg), retinol (µg), carotenos (µg), vitamina D (µg), calcio (mg), hierro (mg), yodo (µg), magnesio (mg), potasio (mg) y fósforo (mg).

Cremas y sopas

Las cremas y sopas son platos idóneos para controlar todo lo que se consume. También son fáciles de preparar, hidratan el organismo y en muchas dietas suponen un primer plato básico. También son apropiadas para rebajar las calorías de una comida si el postre o el segundo plato tiene exceso de ellas. Lo bueno de las sopas y cremas, como las incluidas en este libro, es que algunos alimentos son fácilmente sustituibles. En los consejos de salud de cada receta se explican los posibles sustitutivos a los alimentos que más alergias provocan.

Los nutrientes aportados por la receta dependerán de los alimentos que se utilicen para elaborar las sopas y cremas. Lo más aconsejable es recurrir a las verduras y legumbres como ingredientes básicos, ya que no suelen generar alergias. A partir de ahí, y dependiendo de intolerancias y alergias, se irán completando los ingredientes de las cremas y sopas.

Pasta

Para hacer pasta se mezcla harina con agua, y se puede añadir sal, huevo y otros ingredientes. La harina más utilizada para elaborar estos alimentos es la de trigo, aunque puede encontrarse de maíz, arroz, etc. Por ese motivo, las personas celiacas deben recurrir siempre a la pasta específica para ellos. Cualquiera de las recetas incluidas en este libro es válida para ellos, siempre que se tenga en cuenta este aspecto.

Si se sufre de alergia al huevo, siempre que se adquiera pasta hay que verificar en el etiquetado del envase si este alimento está incluido en su composición. Pero no hay que preocuparse porque existe una gran variedad de tipos de pasta y siempre habrá alguna que los alérgicos puedan consumir.

Arroces

El cereal del arroz es la base de la alimentación en gran parte del mundo. En su composición hay 380 kcal en cada 100 g. El 80% de su contenido son hidratos de carbono y un 8% son proteínas, y es muy bajo en grasas. Existen muchas variedades, como el arroz de grano medio (muy usado en risottos y paellas), el arroz silvestre o salvaje (especialmente nutritivo, con aminoácidos esenciales y rico en lisina y metionina) y el arroz integral (ofrece un contenido alto en fibra y posee muchos minerales y vitaminas del grupo B).

El arroz no suele provocar alergias y es idóneo para las personas celiacas, ya que es (junto al maíz) el sustitutivo natural del trigo. Lo que hay que vigilar en las recetas de arroz es el resto de ingredientes. De todas formas, siempre es aconsejable leer la composición indicada en el envase del arroz por si pudiera haber algún tipo de contaminación cruzada.

Verduras

Para lograr la cantidad idónea de minerales, vitaminas y fibra se aconseja consumir verdura a diario. Para suplir la carencia de nutrientes generada por una alergias e intolerancia alimentaria, son imprescindibles las verduras. Algunos de sus beneficios son su alto contenido en potasio (bueno para eliminar la retención de líquidos), su ausencia de grasa y sus pocas calorías.

En general, las verduras son ricas en minerales como el hierro, el cinc, el fósforo, el potasio, el calcio, el magnesio o el cobre, que son micronutrientes imprescindibles para el buen funcionamiento del cuerpo. También contienen gran cantidad de vitaminas, como la A y la C, que ayudan a prevenir las infecciones, y las del grupo B, que mantienen sano el sistema nervioso. Y no hay que olvidarse de la fibra que contienen las verduras, que sacia el apetito y mejora considerablemente el tránsito intestinal.

En cuanto a la manera de cocinar las verduras y perder la menor cantidad de nutrientes posible en el proceso, es preferible hacerlas al vapor o al horno; y si se cuecen al fuego, hay que introducirlas en la cazuela cuando el agua ya esté hirviendo.

Huevos

El huevo es uno de los alimentos más versátiles en la cocina. Se puede cocinar como ingrediente de muchas maneras, pero también acompañarlo de una gran variedad de alimentos. Nutricionalmente hablando, el huevo es muy completo. La proteína que aporta es de gran valor biológico, además de contener una gran cantidad de vitaminas liposolubles. Contiene vitaminas A, D y del grupo B. También es rico en minerales, como el calcio, el hierro y el selenio.

Su composición es diferente si analizamos la clara o la yema por separado. La clara es muy rica en proteínas y apenas aporta grasas, vitaminas o minerales; en cambio, en la yema ocurre al revés, es muy rica en todos estos nutrientes.

Para saber si un huevo es fresco, hay que llenar un vaso con agua y unos 20 g de sal. Remover hasta que la sal se disuelva y añadir el huevo. Si se hunde, significa que apenas tiene unos días, pero si se queda a media altura, tiene entre una y dos semanas. Y si flota, el huevo tiene varias semanas y es mejor no consumirlo.

Legumbres

Las legumbres son un grupo de alimentos nutricionalmente muy completo. Entre otros nutrientes, poseen muchas proteínas, carbohidratos (que al ser complejos, su aporte de energía al cuerpo es gradual y sacia durante más tiempo), fibra y vitaminas del grupo B (como la niacina, la tiamina o la piridoxina), A y C, y varios minerales, como hierro, calcio, fósforo y magnesio. Para evitar que las legumbres produzcan digestiones pesadas, hay que cocinarlas muy bien.

Dada su completa composición, las legumbres son perfectas para sustituir los alimentos a los que se tenga alergia o intolerancia. Las legumbres no deben faltar nunca en una dieta variada y equilibrada porque son muy completas.

Pescados y marisco

El pescado es un alimento con una composición muy completa. Es rico en proteínas, ácidos grasos insaturados como el omega 3, vitaminas del grupo B y minerales, como hierro, yodo, cobre, fósforo y magnesio.

El organismo humano necesita el omega 3 para poder estar bien. Entre las funciones para las que se necesita este aceite esencial figuran: la formación de membranas celulares, la creación de hormonas, el correcto funcionamiento del sistema inmunológico, la formación de la retina del ojo y una buena actividad de las neuronas y las transmisiones químicas que se establecen en el cerebro y en el resto del cuerpo.

Además, el pescado es rico en el ácido eicosapentaenoico (EPA) y docosahexaenoico (DHA), que se encuentran fundamentalmente en los aceites de este grupo de alimentos y en la leche materna.

A continuación, ofrecemos una tabla con las cantidades de omega 3 de algunos mariscos que generalmente las personas alérgicas al pescado sí pueden consumir:

CONTENIDO DE OMEGA 3 DE PESCADOS, MOLUSCOS Y CRUSTÁCEOS (POR RACIÓN DE 100 G*)

Salmón del Atlántico de piscifactoría, cocido en seco .1,8	Mejillón azul, cocido al vapor 0,7
Anchoa europea, enlatada en aceite, escurrida 1,7	Abadejo del Atlántico, cocido en seco 0,5
Sardina del Pacífico, enlatada con salsa de tomate, escurrida, con espinas 1,4	Ostras naturales, cocidas en seco 0,5
Arenque del Atlántico, en vinagre 1,2	Platija y lenguado, cocidos en seco 0,4
Caballa del Atlántico, cocida en seco 1,0	Fletán del Atlántico y el Pacífico, cocido en seco 0,4
Trucha arco iris de piscifactoría, cocida en seco 1,0	Vieiras, especies mezcladas, cocidas en seco 0,3
Emperador, cocido en seco 0,7	Quisquillas, especies mezcladas, cocidas al vapor 0,3
Atún blanco, enlatado en agua, escurrido .0,7	Almejas, cocidas al vapor 0,2
	Bacalao del Atlántico, cocido en seco 0,1

*Fuente: Departamento de Agricultura de Estados Unidos

Carnes

La carne es uno de los grupos de alimentos más ricos en grasas saturadas y está considerada la mejor fuente de proteínas para el ser humano, ya que ambos tipos de proteínas son muy similares. Aunque se recomienda no abusar del consumo de carne, hay que tener en cuenta que son excelentes para sustituir a algunos alimentos que provocan alergias. Por ejemplo, es uno de los grupos de alimentos mejores para sustituir al pescado porque su composición es similar, excepto la diferencia de grasas que hay entre ambos: la carne no tiene omega 3.

Y en cuanto a la carencia de proteínas, los alérgicos al huevo tienen un buen aliado en la carne porque, como ya hemos explicado, sus proteínas son de alto valor biológico.

El problema de la carne es que hay que complementarla con otros grupos de alimentos y limitar su consumo porque un abuso puede generar problemas debido a su bajo contenido en fibra y exceso de grasas saturadas. Las carnes deben ir siempre acompañadas de verdura y alimentos ricos en hidratos de carbono.

Postres

Las personas con alergias e intolerancias alimentarias han de vigilar mucho los postres que consumen. Por ejemplo, en algunos postres se usa gelatina, que puede proceder del músculo del pescado, por lo que posiblemente cause una reacción alérgica; en este caso, los alérgicos al pescado han de leer con atención la composición de la gelatina que quieran comprar.

En cuanto a las personas alérgicas al huevo, han de tener siempre presente que los postres comerciales ya preparados (bollos, tartas, helados…) introducen este alérgeno, por lo que la mejor opción es realizarlos en casa. Lo mismo sucede con el gluten y los postres ya hechos que se venden en las tiendas de alimentación. En este caso, el mayor problema proviene de las tartas.

La alergia a la proteína de la leche es una de las más problemáticas a la hora de consumir postres. La mayoría lleva leche como ingrediente principal, por lo que la oferta de postres ya preparados se ve muy reducida. Actualmente se está comercializando una gran cantidad de productos en los que se ha sustituido este ingrediente por soja. La realización de los postres en casa supone poder sustituir este ingrediente por otros y realizar postres de una forma sencilla.

En las recetas se indica qué alergia/s provoca con símbolos y la marca de permitido en verde y de prohibido en rojo, pero siempre que es posible se ofrece una alternativa a los alérgenos:

CREMAS Y SOPAS

Crema de espárragos trigueros: alergia a la leche
Crema de guisantes: alergia a la leche
Crema de hongos: alergia a la leche
Crema de zanahorias: alergia a la leche
Crema fría de verduras: alergia a la leche
Sopa de marisco: alergia al pescado

ARROCES

Arroz con semillas: sin alérgeno
Risotto con fresas: sin alérgeno
Risotto de calabaza: alergia a la leche
Risotto de espárragos trigueros: alergia a leche
Risotto de hongos y puerros: alergia a la leche

LEGUMBRES

Ensalada de habas con queso: alergia a la leche
Ensalada de lentejas y pera: sin alérgeno
Frijoles estofados: sin alérgeno
Lentejas estofadas: sin alérgeno
Salteado de guisantes: sin alérgeno

PASTA (SIN GLUTEN)

Espaguetis con almejas: alergia a gluten y pescado
Penne rigate con calabacín: sin alérgeno
Penne rigate con chorizo y huevos: alergia al huevo y la leche
Tallarines con crema de puerro: alergia a la leche
Tortellini con hongos: sin alérgeno

VERDURAS

Berenjenas a la parmesana: alergia a la leche
Calabacín relleno: alergia a la leche
Ensalada César: alergia a leche, gluten y huevo
Ensaladilla rusa: alergia a huevo y pescado
Menestra de verduras: sin alérgeno
Rollitos de pimientos con queso: alergia a la leche

HUEVOS

Huevos rellenos: alergia a huevo y pescado
Quiche de calabacín: alergia a leche, gluten, huevo
Rollito de tortilla y jamón: alergia al huevo
Tortilla de calabacín y zanahoria: alergia al huevo
Tortilla de hongos: alergia a huevo y leche

PESCADOS Y MARISCO

Almejas a la marinera: alergia al gluten
Bacalao con tomate y aceitunas: alergia al pescado
Bacalao en salsa: alergia al pescado
Mejillones gratinados: alergia a leche y gluten
Merluza con guarnición: alergia al pescado
Salmón con pimientos y rúcula: alergia al pescado

CARNES

Chuletitas de cordero con guarnición: sin alérgeno
Muslos de pollo con mango: alergia al gluten
Nuggets de pollo: alergia a leche, gluten y huevo
Pollo relleno de patatas fritas: sin alérgeno
Ternera guisada con verduras: sin alérgeno

POSTRES

Arroz con leche: alergia a la leche
«Crème brûlée»: alergia a leche y huevo
Helado de menta: alergia a leche y huevo
Macarons de pistacho: alergia a frutos secos, leche y huevo
Mousse de chocolate: alergia a leche y huevo
Smoothie de mango: alergia a la leche
Tarta de queso: alergia a la leche

Crema de espárragos trigueros

Esta receta aporta pocas calorías. Contiene cierta cantidad de grasas saturadas aportadas por la nata, pero se compensa con el hecho de que no tiene casi colesterol.

Número de comensales: 4

Tiempo: 1 hora

Ingredientes:
130 g de cebolleta
120 g de puerros
500 g de espárragos trigueros
200 g de patata
Medio litro de agua
100 ml de nata baja en grasa
Aceite de oliva virgen
Sal

Elaboración

Pelar la cebolleta y el puerro y cortarlos en dados. Poner un poco de aceite en una cazuela y pocharlos. Limpiar los espárragos, picarlos y añadirlos a la cazuela. Pelar, lavar y cortar la patata y añadirla a la mezcla anterior. Rehogar todo junto y añadir el medio litro de agua.

Cocer durante 20 minutos a fuego medio. Retirar un poco de agua en caso necesario, añadir la nata y triturar todo con la batidora hasta lograr una mezcla homogénea y de aspecto ligero.

Consejo de salud

Los espárragos contienen muy pocas calorías gracias a su gran concentración de agua. Son ricos en minerales y vitaminas. Poseen folate, una sustancia fuertemente antioxidante.

El aporte de vitamina A de la receta no es muy elevado, pero contribuye a incorporarla a la dieta. El resto de vitaminas liposolubles no son muy elevadas, pero esta carencia puede compensarse con acompañamientos ricos en estas. El aporte de potasio, fósforo y magnesio es importante, sobre todo gracias a los espárragos. También contiene una buena proporción de calcio, por lo que los minerales anteriores ayudarán a absorber este nutriente.

Valor nutricional

Energía (kcal) 142,00	AGP (g) 0,65	Vitamina D (µg) 0,21
Proteínas (g) 4,75	Colesterol (mg) 8,50	Calcio (mg) 76,00
Hidratos	Vitamina B12 (µg) 0,10	Hierro (mg) 1,15
de carbono (g) 11,38	Ácido fólico (µg) 140,25	Yodo (µg) 13,18
Fibra vegetal (g) 3,18	Vitamina C (mg) 34,50	Magnesio (mg) 32,50
Lípidos (g) 7,98	Vitamina A (µg) 185,50	Potasio (mg) 506,25
AGS (g) 2,28	Retinol (µg) 62,50	Fósforo (mg) 105,50
AGM (g) 4,40	Carotenos (µg) 687,00	

Crema de guisantes

🥜 ✓ 🥛 ✗ 🌾 ✓ 🥚 ✓ 🐟 ✓

Receta muy poco calórica y con escaso contenido en lípidos es ideal para acompañar con carne o pescado ya que así se aportan proteínas.

Número de comensales: 4
Tiempo: 45 minutos

Ingredientes:
Una cebolla grande
200 g de patata
400 g de guisantes
200 ml de nata líquida
baja en grasa
150 g de jamón serrano
troceado
Cebollino
Aceite de oliva

Elaboración

Pelar la cebolla y trocearla. Poner un poco de aceite en un cazo y pochar la cebolla. Pelar la patata y cortarla en dados medianos e incorporar a la sartén para dorarla un poco. Cuando esté dorada, poner agua e introducir los guisantes. Dejar cocinar durante unos 15 minutos. Retirar un poco de agua si hay exceso y, una vez cocinados, pasarlo todo por el pasapurés junto con la nata.

En una sartén con un poco de aceite muy caliente saltear el jamón hasta que quede dorado. Retirar y distribuir los trozos sobre la crema de guisantes, espolvoreando un poco de cebollino en el momento de servir el plato en la mesa.

Consejo de salud

El uso de hierbas aromáticas en cremas y purés puede ayudarnos a modificar el sabor de los platos y evitar así que nos resulte monótono el consumo de verduras. Este tipo de recetas nos proporciona muchos nutrientes y pocas calorías.

El jamón crudo (serrano) aumenta el aporte de yodo de la receta. Es importante asegurar este nutriente en la dieta de las personas con alergia al pescado porque los alimentos provenientes del mar son los que contienen una mayor fuente de este mineral.

Valor nutricional

Energía (kcal) 271,25	AGP (g) 0,93	Vitamina D (µg) 0,40
Proteínas (g) 16,88	Colesterol (mg) 43,50	Calcio (mg) 100,25
Hidratos	Vitamina B12 (µg) 0,20	Hierro (mg) 2,80
de carbono (g) 19,25	Ácido fólico (µg) 60,75	Yodo (µg) 11,40
Fibra vegetal (g) 5,55	Vitamina C (mg) 21,35	Magnesio (mg) 42,50
Lípidos (g) 12,88	Vitamina A (µg) 210,00	Potasio (mg) 524,75
AGS (g) 4,58	Retinol (µg) 125,00	Fósforo (mg) 255,00
AGM (g) 6,28	Carotenos (µg) 409,50	

Crema de hongos

✓ ✗ ✓ ✓ ✓

Esta receta es perfecta para quienes lleven una dieta baja en calorías porque contiene poca grasa, pero aporta muchos micronutrientes.

Número de comensales: 4
Tiempo: 45 minutos

Ingredientes:

500 g de champiñones
(hongos) frescos
270 g de cebolla
750 ml de caldo de pollo
150 ml de nata líquida baja en grasa
Aceite de oliva virgen

Elaboración

Cortar los champiñones (u hongos) y la cebolla. Sofreír esta última a fuego muy lento en una olla grande. Cuando ya esté sofrita, añadir el champiñón y remover de vez en cuando para que se mezclen bien los sabores.

Añadir el caldo de pollo a la mezcla, y cocinar durante otros 5 minutos a fuego más vivo. Una vez pasado ese tiempo, apagar el fuego y dejar reposar unos segundos. Con una batidora, triturar toda la mezcla y añadir un poco de nata líquida.

Consejo de salud

A esta receta se puede añadir patata para que la crema sea más suave. No la hemos realizado con este ingrediente para facilitar que este plato se utilice como un primero y poder acompañar el segundo con farináceos. El aporte calórico es escaso, pero en cambio posee una buena cantidad de minerales. El champiñón es un hongo bajo en calorías y en grasas. Su contenido en minerales es muy bueno y además combina con una gran variedad de platos.

El mayor beneficio de la receta son sus micronutrientes; por eso no debe tenerse en cuenta su escaso aporte de proteínas para ser un sustitutivo en la dieta de alérgicos al pescado y al huevo. Para las personas intolerantes al gluten han de tenerse en cuenta los ingredientes de la nata indicados en el envase. En caso de padecer de alergia o intolerancia a la leche, se eliminará la nata de la receta y se introducirá un poco de patata para espesar.

Valor nutricional

NUTRIENTES Y APORTE POR RACIÓN

Energía (kcal) 152,00	AGP (g) 1,40	Vitamina D (µg) 0,30
Proteínas (g) 6,58	Colesterol (mg) 13,03	Calcio (mg) 66,00
Hidratos	Vitamina B12 (µg) 0,17	Hierro (mg) 1,25
de carbono (g) 5,63	Ácido fólico (µg) 30,50	Yodo (µg) 22,25
Fibra vegetal (g) 3,00	Vitamina C (mg) 8,63	Magnesio (mg) 20,43
Lípidos (g) 10,80	Vitamina A (µg) 107,50	Potasio (mg) 551,25
AGS (g) 3,45	Retinol (µg) 94,25	Fósforo (mg) 186,00
AGM (g) 4,93	Carotenos (µg) 5,15	

Crema de zanahorias

🥜 ✓ 🥛 ✗ 🌾 ✓ 🥚 ✓ 🐟 ✓

La receta es muy completa porque aporta alimentos del grupo de las proteínas e hidratos de carbono, como la patata y las verduras. Se recomienda utilizar la nata de cocina baja en grasa para disminuir las calorías de la receta y también las grasas saturadas y el colesterol.

Número de comensales: 4

Tiempo: 1 hora

Ingredientes:

130 g de cebolla
75 g de puerro
800 g de zanahoria
250 g de patata
500 ml de caldo de verduras
200 ml de nata líquida baja en grasa
100 g de queso rallado
Aceite de oliva virgen y sal

Elaboración

Pelar la cebolla y el puerro y cortarlos en dados. Poner un poco de aceite en una cazuela y pocharlos. Limpiar las zanahorias, picarlas y añadirlas a la cazuela. Pelar, lavar y cortar la patata y añadirla a la mezcla anterior. Rehogar todo junto y añadir el caldo de verduras.

Cocer durante 15 minutos a fuego medio. Retirar un poco de agua en caso necesario, añadir la nata, el queso rallado y triturar todo con la batidora hasta lograr una mezcla homogénea.

Consejo de salud

Es una receta muy rica en fibra debido a los ingredientes que contiene. La fibra ayuda a mantener en buen estado nuestro sistema digestivo y además sacia el apetito durante más tiempo. El magnesio que contiene la receta puede ayudar en la absorción del calcio aportado por el queso y la nata.

La receta es muy rica en vitamina A, debido a la zanahoria. Todas las verduras con colores anaranjados son ricas en este nutriente. Además, el plato cubre casi un cuarto de las necesidades diarias de vitamina B12.

Valor nutricional

Energía (kcal) 292,00	AGP (g) 1,00	Vitamina D (µg) 0,43
Proteínas (g) 11,03	Colesterol (mg) 36,75	Calcio (mg) 278,50
Hidratos	Vitamina B12 (µg) 0,38	Hierro (mg) 1,40
de carbono (g) 24,43	Ácido fólico (µg) 60,25	Yodo (µg) 18,63
Fibra vegetal (g) 6,48	Vitamina C (mg) 26,50	Magnesio (mg) 47,00
Lípidos (g) 15,30	Vitamina A (µg) 2.746,25	Potasio (mg) 953,50
AGS (g) 6,53	Retinol (µg) 175,25	Fósforo (mg) 261,75
AGM (g) 6,48	Carotenos (µg) 15.316,25	

Crema fría de verduras

Es un plato muy bajo en calorías, y como en el caso de todas las cremas del libro, resulta ideal para complementar con un segundo plato rico en hidratos de carbono, como legumbres o arroz.

Número de comensales: 4

Tiempo: 30 minutos

Ingredientes:

320 g de pepino
150 g de calabacín
100 g de zanahoria
Un diente de ajo
150 g de cebolleta
2 yogures desnatados sin azúcar
Aceite de oliva virgen
Zumo de medio limón

Elaboración

Pelar el pepino, el calabacín, la zanahoria, el ajo y la cebolleta y trocearlos todos. Cocer el calabacín, la zanahoria y la cebolleta con un poco de sal y aceite durante unos 10 minutos.

Escurrir, poner en un bol y mezclar junto con los yogures, el ajo, el pepino y el zumo de limón. Cuando se haya mezclado todo muy bien, poner la mezcla en el frigorífico durante un par de horas para servir muy fría.

Consejo de salud

El pepino es una verdura muy pobre en calorías, ya que contiene una gran cantidad de agua. El pepino posee mucho magnesio, potasio, fósforo, hierro, cinc, selenio y calcio, por lo que se puede decir que es muy rico en minerales. Esta verdura aportará ácidos grasos omega 3, importantes para las personas con alergia al pescado y a los frutos secos.

En esta receta se pueden utilizar yogures enriquecidos con calcio y vitamina D para aumentar el aporte de dichos nutrientes. Este plato es rico en minerales como el magnesio, el potasio y el fósforo gracias a las verduras que contiene. Estos minerales ayudarán a absorber el calcio que ofrece la receta.

Valor nutricional

NUTRIENTES Y APORTE POR RACIÓN

Energía (kcal) 163,00	Colesterol (mg) 2,50	Calcio (mg) 131,25
Proteínas (g) 4,23	Vitamina B12 (µg) 0,13	Hierro (mg) 0,65
Hidratos de carbono (g) .16,20	Ácido fólico (µg) 36,00	Yodo (µg) 8,53
Fibra vegetal (g) 2,33	Vitamina C (mg) 15,03	Magnesio (mg) 23,90
Lípidos (g) 8,53	Vitamina A (µg) 357,50	Potasio (mg) 442,25
AGS (g) 1,53	Retinol (µg) 0,45	Fósforo (mg) 129,25
AGM (g) 5,55	Carotenos (µg) 2.141,25	
AGP (g) 0,98	Vitamina D (µg) 0,01	

Número de comensales: 4
Tiempo: 2 horas y media

Ingredientes:
700 g de rape
200 g de almejas
200 g de gambas (o camarones)
210 g de cebolla
Un puerro
70 g de zanahoria
Un diente de ajo
Aceite de oliva virgen
Un tomate grande rallado
3 patatas grandes
200 g de pulpo
30 ml de brandy y sal

Sopa de marisco

Esta sopa es muy rica en proteínas de alto valor biológico gracias al gran aporte de pescado.

Elaboración

Separar la cabeza del lomo del rape. Dejar las almejas en agua con sal durante unas horas. Pelar las gambas (o camarones) y reservarlas. Poner las cáscaras en una cacerola con la cabeza y la espina del rape. Agregar agua y sal y cocer a fuego lento unos 40 minutos. Colar y reservar el caldo.

Pelar la cebolla, el puerro, la zanahoria y el ajo y trocearlos. Rehogar los ingredientes, añadiendo poco después el tomate. Dejar pochar las verduras, añadir las patatas troceadas, el brandy y algo del caldo. Dejar cocer 30 minutos.

Después, triturar la mezcla y colar. Incorporar al caldo los lomos de rape troceados, las gambas y el pulpo. Dejar cocer 5 minutos. En una sartén introducir las almejas a fuego lento, tapar y dejar que se abran. Añadirlas a la sopa a la hora de servir.

Consejo de salud

El contenido en hidratos de carbono es bajo, pero tiene mucha fibra gracias a los vegetales. Puede añadirse patata, que espesará un poco el caldo y aumentará las raciones de hidratos. La almeja es un marisco que tiene gran cantidad de vitamina B12, la cual es beneficiosa para evitar la anemia y mantener los glóbulos rojos en condiciones óptimas. El rape es uno de los pescados más magros, es decir, su contenido en grasa es bajo.

Valor nutricional

Energía (kcal) 351,75	AGP (g) 1,25	Vitamina D (µg) 0,00
Proteínas (g) 41,25	Colesterol (mg) 99,50	Calcio (mg) 132,25
Hidratos	Vitamina B12 (µg) 3,15	Hierro (mg) 4,40
de carbono (g) 31,00	Ácido fólico (µg) 69,25	Yodo (µg) 57,00
Fibra vegetal (g) 4,95	Vitamina C (mg) 38,25	Magnesio (mg) 106,75
Lípidos (g) 4,95	Vitamina A (µg) 61,00	Potasio (mg) 1.420,00
AGS (g) 0,95	Retinol (µg) 39,00	Fósforo (mg) 765,50
AGM (g) 2,13	Carotenos (µg) 132,50	

Arroz con semillas

La mayoría de ingredientes contienen en carbohidratos, por lo que el resultado es una receta rica en este nutriente. Su aporte en proteína es bajo, por lo que debe compensarse en otros platos, por ejemplo de pescado, para evitar el exceso de grasas saturadas.

Número de comensales: 4

Tiempo: 45 minutos

Ingredientes:

150 g de zanahoria
200 g de cebolla
Un diente de ajo picado
150 g de puerro
400 g de arroz
Salsa de soja
Semillas de sésamo negro
Aceite de oliva

Elaboración

Pelar y limpiar las zanahorias, la cebolla, el ajo y el puerro. Cortar las verduras en dados pequeños. Poner aceite en una sartén y calentar. Rehogar el ajo y la cebolla a fuego lento. Incorporar el resto de verduras cuando la cebolla esté hecha. Cocinar durante unos dos o tres minutos.

En una olla con agua y sal, cocinar el arroz durante 15 minutos. Escurrir y agregar el arroz a la sartén con las verduras. Saltearlo durante un par de minutos a fuego medio. Añadir la salsa de soja. Servir y espolvorear las semillas de sésamo negro por encima.

Consejo de salud

Las semillas de sésamo son muy ricas en grasas poliinsaturadas, minerales, fibra y vitaminas del grupo B.

La receta no contiene gluten. Hay que vigilar el sésamo, ya que podría contaminarse en las instalaciones donde lo traten; por eso es mejor comprobar que en la etiqueta no se indique que puede tener trazas de gluten. La salsa de soja también puede contener estas trazas, por lo que hay que vigilar que no se mencione el alérgeno en el etiquetado.

Valor nutricional

NUTRIENTES Y APORTE POR RACIÓN

Energía (kcal) 405,00	AGP (g) 0,48	Vitamina D (µg) 0,00
Proteínas (g) 8,53	Colesterol (mg) 0,00	Calcio (mg) 56,75
Hidratos	Vitamina B12 (µg) 0,00	Hierro (mg) 1,43
de carbono (g) 88,00	Ácido fólico (µg) 62,50	Yodo (µg) 23,03
Fibra vegetal (g) 4,05	Vitamina C (mg) 14,00	Magnesio (mg) 43,75
Lípidos (g) 1,18	Vitamina A (µg) 752,25	Potasio (mg) 414,50
AGS (g) 0,28	Retinol (µg) 0,00	Fósforo (mg) 197,25
AGM (g) 0,24	Carotenos (µg) 4.514,00	

Risotto con fresas

Es una receta rica en hidratos de carbono y pobre en lípidos y proteínas. Las verduras nos aportan una buena fuente de fibra, minerales y vitaminas.

Número de comensales: 4
Tiempo: 1 hora

Ingredientes:
400 g de fresas
300 g de champiñones (u hongos)
2 cebollas medianas
200 g de pavo en tacos
80 g de arroz redondo
por persona
200 ml de vino blanco
Caldo de pollo
20 g de margarina

Elaboración

Lavar las fresas y los champiñones (u hongos) y trocearlos. Pelar la cebolla y trocearla en dados pequeños. Rehogar la cebolla hasta que empiece a dorar, entonces introducir los champiñones, el pavo y la mitad de las fresas. Cuando estén cocinados, saltear el arroz hasta que se dore y añadir el vino blanco.

Cuando el vino se haya absorbido, añadir el caldo hasta cubrir un dedo por encima del arroz. Cuando se reduzca, añadir más caldo removiendo. Repetir hasta que el arroz esté cocinado, es decir, unos 20 minutos. Apagar el fuego, añadir la margarina y remover. Servir el plato y completar la receta con el resto de fresas crudas mezcladas con el arroz.

Consejo de salud

Las fresas son frutos rojos altamente antioxidantes. Por ejemplo, en China las utilizan para depurar los riñones y el hígado. Su función depurativa se aplica también a la sangre. Esta fruta es de las más ricas en vitamina C. Una taza de ellas cubre casi el 90% de las necesidades diarias de este nutriente. La vitamina C de las fresas beneficiará la absorción del hierro contenido tanto en esta receta como en el plato que se elija para acompañarla.

Al igual que en los otros risottos del libro, se utiliza caldo de pollo. Si se compra ya preparado, hay que vigilar que no contenga ni lactosa ni gluten.

Valor nutricional

Energía (kcal) 478,25	AGP (g) 2,65	Vitamina D (µg) 0,40
Proteínas (g) 15,48	Colesterol (mg) 27,00	Calcio (mg) 65,25
Hidratos de carbono (g) 74,50	Vitamina B12 (µg) 0,58	Hierro (mg) 2,48
	Ácido fólico (µg) 98,00	Yodo (µg) 31,25
Fibra vegetal (g) 5,08	Vitamina C (mg) 59,25	Magnesio (mg) 59,00
Lípidos (g) 8,65	Vitamina A (µg) 39,50	Potasio (mg) 702,00
AGS (g) 2,28	Retinol (µg) 30,50	Fósforo (mg) 304,25
AGM (g) 2,78	Carotenos (µg) 22,83	

Risotto de calabaza

Esta receta es muy equilibrada en su aporte calórico. Tiene una buena distribución de grasas y cabe remarcar su contenido en las poliinsaturadas.

Elaboración

Picar la cebolla muy fina. Rehogarla a fuego suave en la cazuela en la que se hará el arroz con un chorro de aceite. Pelar y trocear la calabaza. Añadir la calabaza, la guindilla picada y sal a la cebolla, y rehogar unos 5 minutos. Añadir el arroz y dorarlo sin dejar de remover durante otros 5 minutos.

Incorporar el vino y subir el fuego para que se evapore. Añadir caldo y remover suavemente. Cuando el arroz lo haya absorbido, añadir caldo de nuevo, y repetir este proceso hasta que esté cocido, unos 20 minutos. Antes de apagar el fuego, añadir el queso. Adornar con unos trozos de calabaza cocida.

Número de comensales: 4
Tiempo: 1 hora

Ingredientes:
130 g de cebolla
75 g de arroz por persona
400 g de calabaza
Una guindilla fresca
100 ml de vino blanco
1 l de caldo de pollo
30 g de parmesano
Aceite de oliva virgen y sal

Consejo de salud

Por su elevado contenido en verduras, el aporte de fibra de esta receta es muy bueno, mejorando así el tránsito intestinal ya que se junta el almidón del arroz con la fibra de la verdura. Como no contiene alimentos de origen animal, a excepción del queso, su cantidad de vitamina B12 es pobre. Por su parte, la calabaza es una verdura muy rica en vitaminas A y C. Ayuda a eliminar grasas del organismo, previene el estreñimiento y reduce las inflamaciones gracias a su contenido en cobre, vitamina C y carotenos.

Puede sustituirse el parmesano por mantequilla sin lactosa para eliminar así el alérgeno. Y si el caldo es comprado, se ha de comprobar la etiqueta para saber si contiene gluten o lactosa.

Valor nutricional

Energía (kcal) 468,25	AGP (g) 4,00	Vitamina D (µg) 1,15
Proteínas (g) 6,23	Colesterol (mg) 12,68	Calcio (mg) 76,25
Hidratos	Vitamina B12 (µg) 0,12	Hierro (mg) 2,05
de carbono (g) 67,75	Ácido fólico (µg) 1,98	Yodo (µg) 14,98
Fibra vegetal (g) 2,93	Vitamina C (mg) 111,00	Magnesio (mg) 42,25
Lípidos (g) 17,30	Vitamina A (µg) 258,75	Potasio (mg) 543,25
AGS (g) 3,70	Retinol (µg) 55,75	Fósforo (mg) 133,25
AGM (g) 8,20	Carotenos (µg) 1.067,00	

Risotto de espárragos trigueros

La receta es un poco calórica, comparada con otros platos que contienen arroz. Es muy rica en hidratos de carbono y lípidos.

Número de comensales: 4

Tiempo: 1 hora

Ingredientes:

300 g de espárragos trigueros
2 cebollas medianas
80 g de arroz redondo por persona
200 ml de vino blanco
Caldo de pollo
60 g de queso parmesano rallado
Aceite de oliva

Elaboración

Lavar los espárragos y trocearlos. Pelar la cebolla, picarla y rehogarla en una sartén. Añadir los espárragos. Cuando estén cocinados, saltear el arroz a fuego medio hasta que se dore y añadir el vino.

Después, añadir el caldo hasta cubrir el arroz. Cuando se haya reducido, añadir más caldo. Repetir hasta que el arroz esté cocinado (unos 20 minutos). Apagar el fuego y añadir el queso, mezclando bien. Decorar con parmesano y espárragos.

Consejo de salud

Los espárragos y la cebolla aportan calcio a la receta, por lo que es muy interesante para aquellas personas que padezcan de alergia o intolerancia a la leche. La vitamina C de las verduras y el magnesio mejorarán la absorción de este nutriente. Para las personas con alergia o intolerancia a la leche pueden eliminar el parmesano de la receta y sustituirlo por mantequilla sin lactosa, ya que su finalidad es conseguir una textura cremosa.

El caldo de pollo a utilizar puede ser tanto casero como comprado. En caso de que sea comprado, hay que asegurarse de que no contiene un alérgeno que nos pueda ser nocivo leyendo detenidamente el etiquetado del envase. El mayor riesgo está en que aporte gluten o lactosa.

Valor nutricional

Energía (kcal) 450,75	AGP (g) 0,85	Vitamina D (µg) 0,09
Proteínas (g) 12,43	Colesterol (mg) 9,70	Calcio (mg) 213,25
Hidratos de carbono (g) 69,50	Vitamina B12 (µg) 0,21	Hierro (mg) 1,65
	Ácido fólico (µg) 83,75	Yodo (µg) 20,68
Fibra vegetal (g) 2,93	Vitamina C (mg) 15,33	Magnesio (mg) 47,75
Lípidos (g) 9,63	Vitamina A (µg) 101,25	Potasio (mg) 356,25
AGS (g) 3,20	Retinol (µg) 48,50	Fósforo (mg) 278,25
AGM (g) 4,80	Carotenos (µg) 300,00	

Risotto de hongos y puerros

🥜 ✓ 🥛 ✗ 🌾 ✓ ◯ ✓ 🐟 ✓

No es un plato muy calórico, aunque su ingrediente principal es el arroz. Se puede acompañar con un plato con un contenido alto en proteínas.

Número de comensales: 4
Tiempo: 1 hora y 15 minutos

Ingredientes:
400 g de setas (u hongos)
150 g de puerro
Un diente de ajo
320 g de arroz crudo
Un litro de caldo de pollo
100 g de parmesano rallado
Perejil y aceite de oliva

Elaboración
Si las setas (hongos) son naturales, hay que limpiarlas y trocearlas. Pelar el puerro y cortarlo en daditos. Picar mucho el ajo. Rehogarlos a fuego medio.

Añadir un poco más de aceite y el arroz. Remover bien hasta que se dore. Cuando esté dorado, echar caldo de pollo y dejar cocer durante unos 40 minutos, removiendo con asiduidad y añadiendo caldo cuando haga falta. Antes de finalizar la cocción, añadir el queso parmesano y un poco de perejil.

Consejo de salud

El contenido en lípidos de esta receta es adecuado, además de suministrar pocas grasas saturadas y colesterol. Es un plato rico en minerales, sobre todo en fósforo y potasio, pero no destaca por su aporte de vitaminas.

La cantidad de potasio proviene principalmente de las setas (u hongos). Este mineral ayuda a controlar la tensión arterial, por lo que es muy indicado para personas que padezcan de hipertensión. La mayor parte de la composición de las setas (u hongos) es agua, por lo que su contenido calórico es muy bajo. Además, tienen un elevado contenido en fibra que ayuda a regular el tránsito intestinal. Y al comprar el caldo hay que asegurarse que no lleva ningún alérgeno. El parmesano contiene lactosa, pero también podría tener gluten.

Valor nutricional

Nutrientes y aporte por ración

Energía (kcal) 380,00	AGP (g) 1,33	Vitamina D (µg) 0,00
Proteínas (g) 9,90	Colesterol (mg) 0,28	Calcio (mg) 42,00
Hidratos	Vitamina B12 (µg) 0,01	Hierro (mg) 1,75
de carbono (g) 67,00	Ácido fólico (µg) 68,50	Yodo (µg) 26,50
Fibra vegetal (g) 3,38	Vitamina C (mg) 11,68	Magnesio (mg) 41,50
Lípidos (g) 7,28	Vitamina A (µg) 40,25	Potasio (mg) 500,25
AGS (g) 1,30	Retinol (µg) 0,40	Fósforo (mg) 245,00
AGM (g) 4,10	Carotenos (µg) 238,25	

Ensalada de habas con queso

Por sus ingredientes, la receta es muy baja en calorías, pero en cambio es rica en algunos minerales y vitaminas. Se puede complementar con un plato de verduras u otro que contenga proteínas (pescado, huevo o carne).

Número de comensales: 4
Tiempo: 30 minutos

Ingredientes:
400 g de habas tiernas
Zumo de limón
Eneldo fresco
150 g de queso feta
Aceite de oliva

Elaboración
Lavar las habas y ponerlas a hervir en una olla con agua y sal. Cocinar durante unos 5 minutos o hasta que estén tiernas y escurrir. Mezclar dos cucharadas de aceite de oliva con el zumo de limón y el eneldo. Cortar el queso feta en tacos, si no viene ya cortado, y mezclar con las habas. Aliñar con el zumo de limón con eneldo.

Consejo de salud

Es destacable su contenido en ácido fólico porque cubre un cuarto de las necesidades diarias de este nutriente. Las habas son legumbres que contienen casi un 70% de agua y son ricas en vitaminas A, C, E y las del grupo B. También aportan potasio, fósforo, calcio, hierro, magnesio y cinc. Son antioxidantes y favorecen el tránsito intestinal. Las habas frescas tienen menos calorías que las secas.

Las personas con alergia o intolerancia a la leche pueden sustituir el queso feta por tofu, un producto elaborado a partir de la soja y de consistencia similar a la del feta. Excepto este alérgeno, la receta no presenta ningún otro ingrediente a tener en cuenta por los alérgicos, siempre que las habas sean frescas; si no es así, hay que comprobar la composición.

Valor nutricional

Energía (kcal) 140,25	AGP (g) 0,88	Vitamina D (μg) 0,00
Proteínas (g) 7,43	Colesterol (mg) 5,43	Calcio (mg) 80,75
Hidratos de carbono (g) 2,63	Vitamina B12 (μg) 0,25	Hierro (mg) 0,95
	Ácido fólico (μg) 63,25	Yodo (μg) 3,40
Fibra vegetal (g) 2,05	Vitamina C (mg) 9,60	Magnesio (mg) 20,35
Lípidos (g) 10,68	Vitamina A (μg) 102,25	Potasio (mg) 159,00
AGS (g) 4,03	Retinol (μg) 88,25	Fósforo (mg) 264,25
AGM (g) 5,18	Carotenos (μg) 26,50	

Ensalada de lentejas y pera

Esta receta no aporta casi calorías, por lo que puede complementarse con un segundo plato rico en proteínas (carne, pescado o huevos).

Número de comensales: 4
Tiempo: 30 minutos

Ingredientes:
300 g de lentejas pequeñas
180 g de pera
120 g de cebolla dulce
Aceite de oliva
Sal y pimienta

Elaboración

Las lentejas más pequeñas, o pardina, no necesitan tiempo de remojo para su posterior cocción. Poner un cazo con agua al fuego y hervir las lentejas limpias durante 15 minutos. Escurrir y reservar.

Pelar la pera y la cebolla y cortarlas en dados pequeños. Mezclar todos los ingredientes y aliñar al gusto con aceite, sal y pimienta.

Consejo de salud

El plato es muy rico en minerales, sobre todo fósforo, potasio, magnesio, hierro y calcio. Esto se debe tanto al aporte de la fruta como al de la legumbre. La cantidad de ácido fólico de esta receta también es elevada, llegando a cubrir más de un cuarto de la recomendación diaria.

La pera es una fruta muy rica en pectina, que es una fibra soluble que atrapa el colesterol que ha quedado en el intestino y reduce su absorción por parte del organismo.

No hay ningún ingrediente en la receta que pueda aportar un alérgeno de las alergias tratadas en el libro.

Valor nutricional

Energía (kcal) 333,75	AGP (g) 1,35	Vitamina D (µg) 0,00
Proteínas (g) 18,95	Colesterol (mg) 0,00	Calcio (mg) 67,00
Hidratos	Vitamina B12 (µg) 0,00	Hierro (mg) 6,70
de carbono (g) 41,75	Ácido fólico (µg) 145,50	Yodo (µg) 5,28
Fibra vegetal (g) 15,10	Vitamina C (mg) 14,33	Magnesio (mg) 109,25
Lípidos (g) 6,75	Vitamina A (µg) 74,75	Potasio (mg) 837,75
AGS (g) 1,00	Retinol (µg) 0,00	Fósforo (mg) 346,50
AGM (g) 3,88	Carotenos (µg) 421,00	

Frijoles estofados

Las calorías de la receta son elevadas, tanto por la legumbre, como por los chorizos y la panceta. Estos dos alimentos son muy ricos en calorías y en grasas.

Elaboración

Poner los frijoles en remojo 12 horas antes de su cocción. Pelar la cebolla, la zanahoria y el puerro y trocearlos. Lavar el tomate y el pimiento y picarlos.

Poner una sartén con aceite a calentar e incorporar la panceta troceada para dorarla. Una vez cocinada, reducir la temperatura del fuego y añadir las verduras para pocharlas. Después, pasar todos estos ingredientes a una olla, añadir las alubias, el ajo y agua hasta cubrir unos cuatro dedos por encima las legumbres. Se añadirá agua fría dos veces más durante la cocción para asustarlas y evitar que se rompan.

Cocinar durante 15 minutos y añadir los chorizos. Dejar en cocción hasta que la legumbre esté blanda.

Número de comensales: 4
Tiempo: 1 hora y 30 minutos

Ingredientes:

360 g de frijoles o alubias
120 g de cebolla
120 g de zanahoria
100 g de puerro
180 g de tomate
80 g de pimiento verde
120 g de panceta
Un diente de ajo
Chorizos dulces
Aceite de oliva

Consejo de salud

Por su elevado contenido en verduras y legumbres, este guiso contribuye con una gran cantidad de fibra. Para las personas con celiaquía es de considerar el gran cantidad de ácido fólico de la receta, que cubre casi toda la recomendación diaria de dicho nutriente. También contiene mucho potasio, fósforo y calcio, así como vitamina A.

Los chorizos tienen riesgo de incorporar gluten, lactosa y huevo. Por lo tanto, al realizar la compra hay que verificar bien los ingredientes en la etiqueta de la composición.

Valor nutricional

Energía (kcal)	514,75	AGP (g)	2,25	Vitamina D (µg)	0,00
Proteínas (g)	28,75	Colesterol (mg)	24,03	Calcio (mg)	166,75
Hidratos de carbono (g)	37,75	Vitamina B12 (µg)	0,11	Hierro (mg)	8,65
		Ácido fólico (µg)	399,25	Yodo (µg)	13,03
Fibra vegetal (g)	24,98	Vitamina C (mg)	42,50	Magnesio (mg)	143,75
Lípidos (g)	22,08	Vitamina A (µg)	564,25	Potasio (mg)	1.659,00
AGS (g)	7,60	Retinol (µg)	0,00	Fósforo (mg)	460,75
AGM (g)	10,95	Carotenos (µg)	3.383,25		

Lentejas estofadas

Esta receta aporta mucha fibra. La recomendación diaria es de unos 25 g, por lo que con este plato ya se cubre gran parte.

Número de comensales: 4
Tiempo: 1 hora y 30 minutos

Ingredientes:

360 g de lentejas pequeñas
150 g de cebolla
150 g de tomate
170 g de calabacín
200 g de salchichas
200 g de brotes de soja
Aceite de oliva virgen

Elaboración

No hace falta dejar en remojo las lentejas pequeñas, tipo pardina. Pelar la cebolla y picarla. Pelar el tomate y trocearlo en daditos junto con el calabacín. Con un poco de aceite rehogar el tomate y el calabacín junto con la cebolla hasta que esté transparente.

Cortar la salchicha y saltearla con las verduras anteriores. Una vez dorada, añadir las lentejas, previamente limpias, y agua para cubrir dos dedos por encima las legumbres. Cocinar hasta que esté hecha la legumbre. Un par de minutos antes de apagar el fuego, incorporar los brotes de soja.

Consejo de salud

La receta proporciona una cierta cantidad de grasas poliinsaturadas, pero contiene muchas grasas saturadas. El aporte de ácido fólico, vitamina C y hierro es realmente elevado. Esto es muy beneficioso para todas las personas, pero sobre todo para las celíacas.

La cantidad de vitaminas liposolubles es considerable, así como también la de potasio, magnesio, fósforo y calcio. Las vitaminas liposolubles son nutrientes que suelen escasear al eliminar el huevo de la dieta en el caso de una persona alérgica. Por su parte, los brotes de soja tienen poco sabor, pero muchos nutrientes. Su contenido en vitaminas A, C, E, K y las del grupo B es destacable. También son ricos en aminoácidos y en minerales. Y hay que vigilar el etiquetado de las salchichas porque pueden contener gluten o lactosa.

Valor nutricional

NUTRIENTES Y APORTE POR RACIÓN

Energía (kcal) 527,75	AGP (g) 2,88	Vitamina D (µg) 0,00
Proteínas (g) 31,50	Colesterol (mg) 33,50	Calcio (mg) 116,75
Hidratos	Vitamina B12 (µg) 0,75	Hierro (mg) 9,15
de carbono (g) 43,00	Ácido fólico (µg) 257,75	Yodo (µg) 7,30
Fibra vegetal (g) 18,20	Vitamina C (mg) 20,45	Magnesio (mg) 139,50
Lípidos (g) 21,43	Vitamina A (µg) 106,00	Potasio (mg) 1.202,50
AGS (g) 6,35	Retinol (µg) 0,00	Fósforo (mg) 519,00
AGM (g) 10,23	Carotenos (µg) 635,75	

Salteado de guisantes

Se trata de una receta muy pobre en aporte calórico, por lo que es muy apropiada para complementar a otro plato. Como contiene tanto verdura como farináceos, faltaría aumentar las proteínas con otro plato. El contenido en grasas es muy bajo y no contiene nada de colesterol que pueda perjudicar las arterias.

Número de comensales: 4

Tiempo: 30 minutos

Ingredientes:

250 g de setas (u hongos)

400 g de guisantes

130 g de cebolla

Ajo picado

Aceite de oliva virgen

Elaboración

Lavar las setas (u hongos) y cortarlas en tiras finas. Pelar y picar muy bien la cebolla. En una sartén calentar aceite y saltear las verduras hasta que la cebolla esté dorada y blanda, aproximadamente serán unos 10 minutos a fuego medio.

Poner un cazo con agua y hervir los guisantes, durante un par de minutos en caso de que sean frescos y unos 7 minutos si son congelados. Escurrir y añadir a la sartén. Saltear un par de minutos a fuego alto sin dejar de remover y añadir un poco de ajo picado. Mezclarlos con las verduras.

Consejo de salud

Los micronutrientes a destacar de la receta son tanto el potasio como los carotenos. El primero es aportado básicamente por las setas (hongos) y el segundo por los guisantes.

La receta no presenta ningún ingrediente que tenga riesgo de incorporar algún alérgeno de las alergias incluidas en el libro ya que todos son alimentos que se compran siempre frescos, nunca envasados ni procesados.

Valor nutricional

Energía (kcal) 145,75	AGP (g) 0,85	Vitamina D (µg) 0,00
Proteínas (g) 8,50	Colesterol (mg) 0,00	Calcio (mg) 48,00
Hidratos	Vitamina B12 (µg) 0,00	Hierro (mg) 2,20
de carbono (g) 11,50	Ácido fólico (µg) 60,50	Yodo (µg) 12,50
Fibra vegetal (g) 5,70	Vitamina C (mg) 16,13	Magnesio (mg) 28,50
Lípidos (g) 6,08	Vitamina A (µg) 68,00	Potasio (mg) 395,50
AGS (g) 1,00	Retinol (µg) 0,00	Fósforo (mg) 172,00
AGM (g) 3,80	Carotenos (µg) 407,50	

Espaguetis con almejas

La receta, que no es muy rica en calorías, aporta un contenido elevado de hidratos de carbono y proteínas. Es un plato muy completo.

Elaboración

Poner las almejas a remojo con sal durante media hora para eliminar la arena. En una olla con agua y sal hervir los espaguetis durante unos 10 minutos, escurrir y reservar. Pelar la cebolla y el ajo, trocearlos y saltearlos en una sartén con aceite hasta que se doren. Añadir el vino blanco y dejar que se evapore. Entonces incorporar el pan rallado y un vaso de agua.

Añadir el caldo de pescado y las almejas. Cocinar hasta que las almejas estén totalmente abiertas y hechas. Antes de retirar del fuego, incorporar el perejil picado. Mezclar los espaguetis con la salsa y las almejas antes de servir. Espolvorear el perejil.

Número de comensales: 4
Tiempo: 45 minutos

Ingredientes:
800 g de almejas
320 g de espaguetis sin gluten
100 g de cebolla
2 dientes de ajo
100 ml de vino blanco
15 g de pan rallado
Media pastilla de caldo de pescado
Perejil y aceite de oliva

Consejo de salud

Las almejas son una buena opción para las personas con alergia al pescado ya que aportan ácidos grasos omega 3. Pero no contienen vitamina B12, por lo que hay que consumir otro alimento para cubrir las necesidades de este mineral. No es una receta muy rica en vitamina A, pero presenta una elevada proporción de hierro procedente de las almejas.

Hay que tener en cuenta que se nombran dos ingredientes con riesgo de tener alérgenos: la pastilla de caldo de pescado y el pan rallado. Hay que controlar el primero porque podría contener trazas de pescado, y el segundo se sustituirá por pan rallado sin este alérgeno.

Valor nutricional

Energía (kcal) 404,25	AGP (g) 1,08	Vitamina D (µg) 0,00
Proteínas (g) 18,60	Colesterol (mg) 17,00	Calcio (mg) 52,50
Hidratos	Vitamina B12 (µg) 0,00	Hierro (mg) 8,75
de carbono (g) 61,00	Ácido fólico (µg) 24,90	Yodo (µg) 23,75
Fibra vegetal (g) 4,55	Vitamina C (mg) 1,73	Magnesio (mg) 68,50
Lípidos (g) 6,88	Vitamina A (µg) 45,25	Potasio (mg) 412,50
AGS (g) 1,08	Retinol (µg) 45,00	Fósforo (mg) 220,75
AGM (g) 3,90	Carotenos (µg) 1,90	

Penne rigate con calabacín

Es muy rica en hidratos de carbono. Aporta fibra, que ayuda a saciar y controlar los niveles de colesterol en sangre. Y tiene unos niveles bajos de grasas saturadas.

Número de comensales: 4
Tiempo: 30 minutos

Ingredientes:
400 g de macarrón rallado sin gluten
300 g de calabacín
130 g de cebolla
Un diente de ajo
Aceite de oliva virgen

Elaboración

Poner agua en una olla con un poco de sal y aceite a hervir e introducir la pasta sin gluten. Cocer durante unos 8 minutos, escurrir y aclarar con agua fría.

Lavar el calabacín y cortarlo en tiras finas. Pelar la cebolla y el ajo y picarlos. Poner en una sartén tres cucharadas de aceite de oliva y dorar un poco el ajo; entonces introducir la cebolla y el calabacín. Saltear durante unos 5 minutos las verduras, sin dejar de remover y a fuego medio. Una vez estén listas y antes de apagar el fuego, añadir los macarrones y mezclar.

Consejo de salud

Este plato es rico en minerales, debido a las verduras. La cebolla aumenta el aporte de calcio a la receta. Será necesario complementar la comida con algún alimento de origen animal para asegurar el consumo de vitamina B12.

Si se sufre intolerancia al gluten, puede elegirse pasta especial para elaborar la receta. Este sería el único ingrediente que contiene uno de los alérgenos descritos en el libro.

Valor nutricional

Energía (kcal) 428,75	AGP (g) 1,15	Vitamina D (µg) 0,00
Proteínas (g) 14,38	Colesterol (mg) 0,00	Calcio (mg) 45,75
Hidratos	Vitamina B12 (µg) 0,00	Hierro (mg) 2,35
de carbono (g) 73,75	Ácido fólico (µg) 42,00	Yodo (µg) 13,98
Fibra vegetal (g) 6,60	Vitamina C (mg) 11,15	Magnesio (mg) 57,75
Lípidos (g) 6,98	Vitamina A (µg) 32,00	Potasio (mg) 435,75
AGS (g) 1,03	Retinol (µg) 0,00	Fósforo (mg) 189,50
AGM (g) 3,90	Carotenos (µg) 192,00	

Penne rigate con chorizo y huevos

Es una receta muy rica en calorías por el contenido en leche, nata, huevos, queso, etc. Estos ingredientes de origen animal aumentan la proporción de grasas saturadas, haciendo que la cantidad sea muy elevada.

Número de comensales: 4

Tiempo: 30 minutos

Ingredientes:
320 g de macarrón sin gluten
200 ml de leche evaporada
50 ml de nata líquida
para cocinar
100 g de queso parmesano rallado
140 g de chorizo
2 huevos grandes
Aceite de oliva virgen

Elaboración
Poner una olla con agua a hervir y cocer la pasta durante unos 8 minutos aproximadamente. Escurrir y reservar. Con la batidora mezclar la leche evaporada con la nata y el queso rallado y batir durante un par de minutos con un pellizco de sal.

En una fuente para horno poner los macarrones, el chorizo cortado en rodajas finas, la salsa y los dos huevos en la parte superior. Precalentar el horno a 200 °C e introducir la fuente durante unos 7 minutos.

Consejo de salud

El plato cubre casi toda la recomendación diaria de vitamina B12. Aporta bastante hierro, pero casi nada de vitamina C. Por eso es recomendable consumir una fruta cítrica de postre. El aporte de calcio es elevado, al igual que el de magnesio, potasio y fósforo.

Se debe utilizar pasta sin gluten si se padece de intolerancia a este alérgeno. Además, a la hora de realizar la compra también se ha de comprobar en el etiquetado que la nata líquida y el chorizo no contengan esta proteína. Y para las personas con alergia al pescado (y posible carencia de proteínas) esta receta supone una buena opción gracias a los huevos.

Valor nutricional

Energía (kcal) 633,00	AGP (g) 2,18	Vitamina D (µg) 0,78
Proteínas (g) 34,00	Colesterol (mg) 169,50	Calcio (mg) 477,75
Hidratos	Vitamina B12 (µg) 1,33	Hierro (mg) 3,13
de carbono (g) 62,25	Ácido fólico (µg) 39,00	Yodo (µg) 21,43
Fibra vegetal (g) 4,00	Vitamina C (mg) 0,63	Magnesio (mg) 70,75
Lípidos (g) 26,75	Vitamina A (µg) 241,00	Potasio (mg) 1.102,25
AGS (g) 12,78	Retinol (µg) 223,25	Fósforo (mg) 517,25
AGM (g) 9,30	Carotenos (µg) 2,60	

Tallarines con crema de puerro

Este plato tiene mucha cantidad de calorías, pero también de fibra y de minerales.

Número de comensales: 4
Tiempo: 30 minutos

Ingredientes:

320 g de tallarines sin gluten
160 g de puerro
200 ml de vino blanco
400 ml de nata líquida
70 g de queso parmesano
Un cubito de caldo de verduras

Elaboración

Poner un cazo a hervir con un poco de sal y cocer los tallarines. Escurrir y reservar. Quitar la parte exterior y la verde de los puerros y hacer un corte longitudinal para lavarlos. Picar el puerro. Poner un poco de aceite en una sartén y saltear a fuego medio durante 5 minutos, o hasta que el puerro esté cocido. Añadir el vino y esperar a que se evapore el alcohol, entonces añadir la nata y el queso. Incluir también medio cubito de caldo de verduras y cocinar unos 5 minutos, hasta que la crema espese. Mezclar los tallarines con la crema, espolvorear queso (opcional) y servir.

Consejo de salud

La nata y el queso hacen aumentar el aporte calórico de la receta, además del contenido en grasas saturadas y colesterol. Y la verdura aporta una buena cantidad de fibra. Es un plato muy rico en minerales. El calcio presente supone una ventaja para las personas que sufren carencia de este nutriente, como por ejemplo un celíaco.

En caso de padecer de alergia o intolerancia a la leche, puede sustituirse la nata por algún otro ingrediente que no contenga el alérgeno, como un batido de soja, arroz, etc. Y si se sufre intolerancia al gluten, debe comprobarse que la nata y el queso no contengan el alérgeno leyendo el etiquetado; los tallarines deben ser de cereales como el arroz y el maíz para que no contengan gluten; y los cubitos de caldo concentrado pueden contener gluten.

Valor nutricional

NUTRIENTES Y APORTE POR RACIÓN

Energía (kcal) 515,00	AGP (g) 0,98	Vitamina D (µg) 0,93
Proteínas (g) 20,08	Colesterol (mg) 45,25	Calcio (mg) 342,25
Hidratos	Vitamina B12 (µg) 0,65	Hierro (mg) 2,30
de carbono (g) 62,50	Ácido fólico (µg) 59,25	Yodo (µg) 14,20
Fibra vegetal (g) 4,78	Vitamina C (mg) 9,95	Magnesio (mg) 66,75
Lípidos (g) 16,15	Vitamina A (µg) 385,50	Potasio (mg) 475,50
AGS (g) 8,78	Retinol (µg) 306,50	Fósforo (mg) 352,50
AGM (g) 4,23	Carotenos (µg) 254,25	

Tortellini con hongos

✓ ✓ ✓ ✓ ✓

Aunque el ingrediente principal de la receta es pasta, el aporte calórico es bajo porque los otros son bajos en calorías. La ventaja principal de la receta es precisamente este aspecto: sus pocas calorías.

Número de comensales: 4
Tiempo: 30 minutos

Ingredientes:
400 g de tortellini rellenos de setas (hongos) sin gluten
320 g de setas (u hongos)
150 g de cebolla
Un diente de ajo
Perejil
Aceite de oliva virgen

Elaboración

Poner un cazo con agua a hervir con un poco de sal y aceite e introducir los tortellini. Hervir durante unos 10 minutos y escurrir.

Lavar las setas (u hongos) y trocearlas mucho. Pelar la cebolla y el ajo y picarlos. En una sartén con aceite caliente pochar la cebolla durante unos 5 minutos, o hasta que esté transparente. Entonces añadir las setas (u hongos) y el ajo. Cocinar durante unos 3 minutos más y retirar del fuego. Servir las setas junto con los tortellini y añadir un poco de perejil picado.

Consejo de salud

El aporte de nutrientes de esta receta no es destacable más que por el potasio. La receta no supone un problema para las personas que tengan alergia al pescado, ya que ninguno de sus ingredientes es susceptible de llevar el alérgeno. Nutricionalmente, este plato no presenta ningún nutriente que deba ser excluido en la dieta de las personas alérgicas al huevo, los frutos secos o la leche.

Si se padece de intolerancia al gluten o alergia al huevo, se debe vigilar el etiquetado de la pasta: en el primer caso para asegurarse que no contiene huevo y en el segundo para sustituirla por una pasta sin gluten.

Valor nutricional

Energía (kcal) 182,00	AGP (g) 1,20	Vitamina D (µg) 0,10
Proteínas (g) 7,85	Colesterol (mg) 23,00	Calcio (mg) 35,75
Hidratos	Vitamina B12 (µg) 0,00	Hierro (mg) 2,05
de carbono (g) 15,00	Ácido fólico (µg) 27,25	Yodo (µg) 23,13
Fibra vegetal (g) 3,63	Vitamina C (mg) 7,00	Magnesio (mg) 27,50
Lípidos (g) 9,25	Vitamina A (µg) 25,50	Potasio (mg) 470,50
AGS (g) 2,18	Retinol (µg) 0,00	Fósforo (mg) 162,00
AGM (g) 5,30	Carotenos (µg) 2,88	

Berenjenas a la parmesana

Esta receta permite que se pueda consumir verdura de una forma fácil y deliciosa.

Número de comensales: 4
Tiempo: 1 hora

Ingredientes:
120 g de cebolla
600 g de tomate triturado
Un diente de ajo picado
700 g berenjenas grandes
100 g de queso parmesano
100 g de mozzarella en lonchas
Azúcar (para el tomate)
Pimienta y aceite de oliva

Elaboración

Pelar, trocear y pochar la cebolla. Dejar cocer unos 5 minutos y añadir el tomate triturado, una cucharada de azúcar y el ajo. Cocer durante unos 10 minutos.

Precalentar el horno a 200 °C. Lavar la berenjena y cortarla en láminas de más o menos 1 cm de grosor. Para preparar el plato poner un poco de salsa de tomate como base en una bandeja para horno, encima una capa de berenjena, otra de parmesano, otra de salsa de tomate y así hasta conseguir las capas deseadas. En la penúltima añadir un poco más de salsa de tomate, berenjena y para cobertura un poco de mozzarella. Introducir al horno media hora.

Consejo de salud

Es un plato con un alto contenido en fibra y bajo en calorías. Los lípidos saturados que se presentan en la tabla son por el queso, pero no suponen una gran cantidad. En cuanto a la berenjena, es una verdura rica en calcio, fósforo, vitaminas del grupo B y ácido fólico. Es muy recomendable si se sufre carencia de estos nutrientes, como por ejemplo si se tiene intolerancia al gluten. Es antioxidante, diurética y ayuda a controlar la presión arterial.

La proteína presente en la receta puede suponer una buena opción para sustituir el huevo. Y al realizar la compra hay que comprobar el etiquetado de los quesos por si contienen gluten.

Valor nutricional

Energía (kcal) 232,50	AGP (g) 1,00	Vitamina D (µg) 0,16
Proteínas (g) 14,18	Colesterol (mg) 16,35	Calcio (mg) 402,75
Hidratos	Vitamina B12 (µg) 0,35	Hierro (mg) 2,43
de carbono (g) 13,50	Ácido fólico (µg) 122,25	Yodo (µg) 8,38
Fibra vegetal (g) 6,03	Vitamina C (mg) 24,20	Magnesio (mg) 75,25
Lípidos (g) 12,25	Vitamina A (µg) 409,50	Potasio (mg) 2.130,50
AGS (g) 4,68	Retinol (µg) 81,25	Fósforo (mg) 269,50
AGM (g) 5,43	Carotenos (µg) 1.940,50	

Calabacín relleno

🥜 ✓ 🍶 ✗ 🌾 ✓ 🥚 ✓ 🐟 ✓

Es un plato muy completo ya que contiene farináceos y verdura. Su aportación de sustancias antioxidantes es elevada gracias al calabacín y el tomate.

Número de comensales: 4
Tiempo: 1 hora

Ingredientes:
Una cebolla pequeña
Un diente de ajo
300 g de carne picada mixta
100 g de arroz
650 g de calabacín
2 cucharadas de tomate frito
100 g de queso mozzarella rallado
150 g de tomates cherry
Pimienta
Aceite de oliva y perejil

Elaboración

Pelar y trocear la cebolla. Pocharla junto al ajo hasta que se doren. Después, añadir la carne, con la pimienta y el perejil y dejar cocer a fuego lento. Cortar los calabacines por la mitad a lo largo y vaciarlos. Incorporar la carne de la verdura a la mezcla de la sartén. Añadir el tomate frito.

Cocer el arroz durante 15 minutos. Cuando esté listo, escurrir y pasarlo por agua. Añadir el arroz a la mezcla anterior y sofreír durante 5 minutos más. Rellenar los calabacines con todos los ingredientes y cubrirlos con el queso y algunos tomates cherry abiertos por la mitad. Precalentar el horno a 180 °C e introducir los calabacines, dejándolos hacer durante unos 20 minutos.

Consejo de salud

Contiene bastantes grasas saturadas por la presencia de la carne picada y del queso. Su aporte de proteínas es muy bueno, por lo que supone un plato recomendable para cubrir necesidades de este nutriente en los casos de alergia al pescado y al huevo.

Es una receta con una elevada concentración en minerales (potasio, fósforo, calcio y hierro). Por otra parte, las personas con alergia a la leche pueden eliminar el queso mozzarella. Y las personas con intolerancia al gluten deberán vigilar el etiquetado de todos los productos.

Valor nutricional

Energía (kcal) 423,50	AGP (g) 1,50	Vitamina D (µg) 0,05
Proteínas (g) 26,25	Colesterol (mg) 69,00	Calcio (mg) 212,75
Hidratos	Vitamina B12 (µg) 1,65	Hierro (mg) 3,53
de carbono (g) 26,75	Ácido fólico (µg) 71,25	Yodo (µg) 14,50
Fibra vegetal (g) 3,58	Vitamina C (mg) 30,75	Magnesio (mg) 48,50
Lípidos (g) 22,68	Vitamina A (µg) 201,75	Potasio (mg) 715,75
AGS (g) 8,68	Retinol (µg) 51,75	Fósforo (mg) 344,25
AGM (g) 10,18	Carotenos (µg) 889,50	

Ensalada César

Esta receta aporta ingredientes de todos los grupos de alimentos, por lo que es bastante completa. Puede complementarse la comida con algún plato que aumente un poco la ración de farináceos.

Número de comensales: 4
Tiempo: 45 minutos

Ingredientes:

200 g de pechuga de pollo
100 g de queso semicurado
3 rebanadas de pan de molde
6 anchoas en aceite de oliva
Un huevo entero y una yema
Un diente de ajo
350 g de lechugas variadas
Zumo de medio limón
Sal y aceite virgen extra
Tomates cherry (opcional)

Elaboración

Hacer la pechuga a la plancha y trocearla. Cortar en dados el queso (reservar un poco) y el pan. En una sartén con un poco de aceite cocinar el pan hasta que tueste. Mezclar los ingredientes con el pollo.

Para el aliño, en el vaso de la batidora incorporar: diente de ajo pelado y troceado, las anchoas, un huevo entero y la yema del otro, una cucharada de postre de zumo de limón y unas cuatro cucharadas soperas de aceite de oliva. Mezclar hasta conseguir una emulsión. Limpiar bien la lechuga y escurrir las hojas. Cortarlas en trozos. Añadir todos los ingredientes anteriormente mezclados y la salsa. Espolvorear queso por encima y tomatitos (opcional).

Consejo de salud

El contenido en lípidos es elevado, sobre todo por la salsa. Pero el aporte en vitaminas y minerales es muy destacable. Y tiene una buena cantidad de calcio, magnesio, potasio y fósforo.

En cuanto a los alérgenos: el pan ha de ser sin gluten en el caso de la intolerancia a esta Ante una alergia o intolerancia a la leche, hay que eliminar el queso. Y las personas con alergia al pescado sustituirán las anchoas por jamón serrano, aunque el sabor variará.

Valor nutricional

Energía (kcal)	358,50	AGP (g)	2,78	Vitamina D (µg)	2,88
Proteínas (g)	29,75	Colesterol (mg)	144,50	Calcio (mg)	245,50
Hidratos de carbono (g)	13,25	Vitamina B12 (µg)	1,40	Hierro (mg)	2,53
		Ácido fólico (µg)	48,75	Yodo (µg)	23,53
Fibra vegetal (g)	1,83	Vitamina C (mg)	12,55	Magnesio (mg)	44,50
Lípidos (g)	20,30	Vitamina A (µg)	257,25	Potasio (mg)	463,25
AGS (g)	7,65	Retinol (µg)	115,25	Fósforo (mg)	367,75
AGM (g)	8,08	Carotenos (µg)	728,25		

Ensaladilla rusa

La ensaladilla es un plato muy mediterráneo. Es una receta muy completa, ya que contiene proteínas, farináceos y verduras. Por esto puede ser plato único.

Número de comensales: 4
Tiempo: 45 minutos

Ingredientes:
800 g de patata
150 g de zanahorias
100 g de guisantes finos
3 huevos
150 g de bonito
100 g de aceitunas rellenas de anchoa
Aceite de oliva virgen extra
Vinagre y sal

Elaboración

Poner un cazo con agua a hervir con un puñado de sal y un chorrito de aceite de oliva. Pelar y lavar las patatas y las zanahorias, trocearlas y cocerlas durante 20 minutos. Cinco minutos antes de apagar el fuego introducir los guisantes. Aparte, cocer un par de huevos durante 10 minutos. Dejar que todo se enfríe.

Hacer la mayonesa con un huevo, cinco cucharadas soperas de aceite, un chorrito de vinagre y un poco de sal en el vaso de la batidora. Si está muy espesa, añadir un poco más de aceite sin dejar de batir. Trocear los huevos cocidos y mezclarlos con los ingredientes cocinados. Añadir la mayonesa, el bonito y las aceitunas.

Consejo de salud

El aporte de lípidos de la receta es bastante equilibrado en cuanto a la calidad, pero algo elevado por la mayonesa. El plato contiene muchos antioxidantes como las vitaminas A y C y muchísimos minerales.

En caso de alergia al pescado, pueden sustituirse las aceitunas rellenas por aceitunas si hueso y eliminar el bonito (si se tiene alergia a él). Para la alergia al huevo, deberá eliminarse este alimento de la receta: la mayonesa puede elaborarse con leche. Si se compra la mayonesa ya preparada, hay que comprobar que no contenga ninguno de estos alérgenos.

Valor nutricional

Energía (kcal) 418,25	AGP (g) 2,90	Vitamina D (µg) 2,40
Proteínas (g) 19,15	Colesterol (mg) 175,75	Calcio (mg) 68,50
Hidratos de carbono (g) 28,75	Vitamina B12 (µg) 1,83	Hierro (mg) 3,05
	Ácido fólico (µg) 79,25	Yodo (µg) 16,48
Fibra vegetal (g) 6,40	Vitamina C (mg) 32,25	Magnesio (mg) 60,50
Lípidos (g) 23,78	Vitamina A (µg) 607,25	Potasio (mg) 1.088,00
AGS (g) 4,35	Retinol (µg) 101,50	Fósforo (mg) 273,75
AGM (g) 14,30	Carotenos (µg) 3.033,75	

Menestra de verduras

Es una receta muy completa en cuanto a nutrientes. Para reducir el aporte de grasas saturadas podría usarse jamón cocido bajo en materia grasa. Por su parte, el aporte en minerales es elevado.

Número de comensales: 4
Tiempo: 45 minutos

Ingredientes:
300 g de judías verdes
200 g de espárragos trigueros
130 g de cebolla
300 g de pimientos rojos
300 g de calabacín
Aceite de oliva
Sal

Elaboración

Lavar las judías, cortarlas en trocitos y hervirlas junto a los espárragos durante 20 minutos. Pelar la cebolla y cortarla en trozos medianos. Trocear los pimientos; una opción es asarlos unos minutos para retirarles la piel, pero algunas personas los prefieren con ella. Lavar muy bien y trocear el calabacín.

En una sartén rehogar todos los ingredientes añadiendo sal al gusto. No se debe dejar de remover constantemente para que los sabores se mezclen bien y los ingredientes no se peguen en la sartén.

Consejo de salud

Hay muchas verduras entre los ingredientes de esta receta, por lo que se consumen cantidades importantes de clorofila, que es un buen antioxidante, además de vitaminas y fibra.

En principio no existe riesgo alguno de que haya alérgenos, ya que se trata de alimentos no envasados. Si se recurre a los pimientos previamente asados, hay que comprobar el etiquetado por si hubiera contaminación cruzada. Y lo mismo sucede si finalmente se añade el jamón cocido.

Valor nutricional

Energía (kcal) 122,75	AGP (g) 0,98	Vitamina D (µg) 0,00
Proteínas (g) 4,83	Colesterol (mg) 0,00	Calcio (mg) 74,25
Hidratos	Vitamina B12 (µg) 0,00	Hierro (mg) 1,70
de carbono (g) 9,13	Ácido fólico (µg) 121,75	Yodo (µg) 9,55
Fibra vegetal (g) 4,65	Vitamina C (mg) 121,00	Magnesio (mg) 39,25
Lípidos (g) 643	Vitamina A (µg) 448,25	Potasio (mg) 537,50
AGS (g) 1,08	Retinol (µg) 0,00	Fósforo (mg) 95,25
AGM (g) 3,65	Carotenos (µg) 2.426,25	

Rollitos de pimientos con queso

La receta posee muchos antioxidantes. El aporte calórico se ve aumentado por el queso de untar. Contiene proteínas y verdura, pero hay que complementar con algún plato rico en carbohidratos.

Número de comensales: 4
Tiempo: 45 minutos

Ingredientes:
1 kg de pimientos amarillos y rojos
200 g de queso de cabra para untar
Aceite de oliva
Sal

Elaboración

Lavar los pimientos. Precalentar el horno a 200 °C. En una bandeja para horno echar un poco de aceite y colocar los pimientos. Dejarlos hasta que la piel se empiece a levantar, para facilitar el pelado. Sacar y cuando estén fríos, pelarlos y cortarlos en tiras.

Poner una cucharada de queso en cada tira y extenderlo. Enrollarlo y, si no se sujeta, pinchar con un palillo por el centro del rollito.

Consejo de salud

Receta rica en proteínas, pero no tan buenas como las del huevo o la carne. Aporta una gran cantidad de grasas, pero mayoritariamente saturadas y monoinsaturadas, por lo que no sustituyen correctamente a las del pescado. Por eso no debería complementarse la comida con frutos secos ya que la receta tiene un alto contenido en lípidos.

La receta es pobre en hierro, pero puede tenerse en cuenta el aporte de ácido fólico. En cambio, ofrece una gran cantidad de antioxidantes proporcionados por los pimientos.

El queso de untar puede contener gluten, además de lactosa, por lo que conviene leer el etiquetado si se padece de esta alergia.

Valor nutricional

Energía (kcal) 317,25	AGP (g) 1,73	Vitamina D (µg) 0,14
Proteínas (g) 10,40	Colesterol (mg) 47,00	Calcio (mg) 162,75
Hidratos	Vitamina B12 (µg) 0,14	Hierro (mg) 0,85
de carbono (g) 9,88	Ácido fólico (µg) 52,00	Yodo (µg) 20,88
Fibra vegetal (g) 3,10	Vitamina C (mg) 287,75	Magnesio (mg) 42,75
Lípidos (g) 25,50	Vitamina A (µg) 1.268,50	Potasio (mg) 406,50
AGS (g) 11,50	Retinol (µg) 142,50	Fósforo (mg) 422,75
AGM (g) 10,43	Carotenos (µg) 5.839,50	

Huevos rellenos

🥜 ✓ 🥛 ✓ 🌾 ✓ ⬭ ✗ 🐟 ✗

Contiene mucho colesterol, por lo que no se ha de consumir con un nivel alto de esta grasa en sangre.

Número de comensales: 4
Tiempo: 30 minutos

Ingredientes:
4 huevos
125 g de atún o bonito en aceite
Perejil y cebollinos picados
PARA LA SALSA MAYONESA:
Un huevo
6 cucharadas de aceite de oliva
Un chorro de vinagre
Una pizca de sal

Elaboración

Poner un cazo con agua al fuego con un poco de sal y vinagre. Añadir los huevos y cocerlos durante 8 minutos cuando empiece la ebullición del agua. Retirar del fuego y pasarlos por agua fría. Pelar los huevos y partirlos por la mitad. Retirar las yemas y colocarlas en un bol junto al atún y triturarlo todo.

Para la mayonesa, en el vaso de la batidora meter el huevo, el aceite, la sal y el vinagre. Poner la batidora en el fondo y batir para formar una emulsión, y después ir levantando despacio.

Agregar la mayonesa a la mezcla anterior. Rellenar con esta mezcla el hueco de los huevos, espolvoreando perejil y cebollino por encima.

Consejo de salud

A pesar del alto contenido en colesterol, los huevos rellenos son ricos en vitaminas liposolubles. Es un plato rico en proteínas y pobre en fibra y carbohidratos. Por lo tanto, la receta que complete el menú ha de ser rica en estos nutrientes, como pasta con verduras.

El aporte de calcio es insignificante si se compara con el de fósforo, por lo que la absorción a nivel intestinal de este nutriente aún será menor. Por eso es importante complementar con alimentos ricos en este mineral, como frutos secos. Por otra parte, este plato cubre las necesidades diarias de vitamina B12.

Valor nutricional

Energía (kcal) 317,00	AGP (g) 3,60	Vitamina D (µg) 2,38
Proteínas (g) 14,95	Colesterol (mg) 365,50	Calcio (mg) 57,00
Hidratos	Vitamina B12 (µg) 2,60	Hierro (mg) 2,18
de carbono (g) 0,63	Ácido fólico (µg) 47,25	Yodo (µg) 20,10
Fibra vegetal (g) 0,00	Vitamina C (mg) 0,00	Magnesio (mg) 16,70
Lípidos (g) 28,25	Vitamina A (µg) 208,00	Potasio (mg) 198,25
AGS (g) 5,78	Retinol (µg) 206,75	Fósforo (mg) 225,75
AGM (g) 15,83	Carotenos (µg) 8,70	

Quiche de calabacín

🥜 ✓ 🥛 ✗ 🌾 ✗ ⬭ ✗ 🐟 ✓

La receta contiene alimentos de todos los grupos, pero su inconveniente es el alto contenido en grasas saturadas, debido a la nata y los huevos.

Número de comensales: 4
Tiempo: 45 minutos

Ingredientes:

Lámina de masa quebrada
2 huevos
300 g de calabacín
120 g de puerro
250 ml de nata para cocinar baja en grasa
Mantequilla
Aceite de oliva y sal
Piñones (opcional)

Elaboración

Untar con un poco de mantequilla un molde para horno y cubrir con la masa quebrada. Retirar el sobrante. Precalentar el horno a 200 °C y cocinar la masa durante 20 minutos (colocando unos garbanzos, la masa no se eleva). Sacar del horno y retirar los garbanzos. Mientras, batir los huevos y añadir la nata. Mezclar bien y reservar.

Lavar el calabacín (reservando unas rodajas) y el puerro, trocearlos finamente y rehogarlos. Incorporarlos a la mezcla de huevos y nata. Verter la mezcla en el molde con la masa quebrada, decorar con calabacín y hornear a 200 °C durante 10 minutos. Adornar con piñones.

Consejo de salud

Es un plato rico en proteínas de alto valor biológico y grasas poliinsaturadas. También el aporte de vitaminas liposolubles, como la A, es adecuado.

La nata supone un problema para las personas con intolerancia o alergia a la leche. Puede sustituirse por bebida de arroz o soja y añadir un poco de harina para espesar. Y la masa quebrada no debe contener leche, por lo que habrá que verificar su composición. En el caso de tener alergia a la leche y haber remplazado la nata por otro ingrediente, no se debe tener en cuenta el contenido de calcio que aparece en la tabla, ya que disminuirá de manera considerable.

Valor nutricional

Energía (kcal) 377,00	AGP (g) 6,98	Vitamina D (µg) 1,28
Proteínas (g) 9,35	Colesterol (mg) 142,75	Calcio (mg) 116,25
Hidratos de carbono (g) 16,65	Vitamina B12 (µg) 0,80	Hierro (mg) 2,10
	Ácido fólico (µg) 84,50	Yodo (µg) 15,33
Fibra vegetal (g) 2,38	Vitamina C (mg) 19,50	Magnesio (mg) 29,50
Lípidos (g) 29,75	Vitamina A (µg) 354,25	Potasio (mg) 408,50
AGS (g) 9,90	Retinol (µg) 257,50	Fósforo (mg) 177,75
AGM (g) 10,28	Carotenos (µg) 455,75	

Rollito de tortilla y jamón

Es un plato interesante para salir de la rutina, aunque la cantidad de calorías es bastante elevada.

Número de comensales: 4
Tiempo: 30 minutos

Ingredientes:
4 huevos
200 g de tomate
100 g de jamón serrano
(unas 4 lonchas)
Aceite de oliva
Sal

Elaboración

Batir cada huevo por separado con una pizca de sal. Poner un poco de aceite en una sartén y echar uno de los huevos batidos. Cocinarlo en forma redondeada. Repetir hasta tener cuatro tortillas.

Estirar cada tortilla en un plato y poner en la parte central una rodaja de tomate y enrollar. Envolver el rollito de tortilla con una loncha de jamón. Repetir esta operación para las cuatro tortillas. Precalentar el horno a 200 °C y cocinar los rollitos unos 10 minutos.

Consejo de salud

Este plato aporta proteínas, pero debe complementarse con carbohidratos procedentes tanto de farináceos como de verduras.

El jamón y el huevo aportan hierro y proteínas a la receta, por lo que ayudan a evitar la posible carencia de estos nutrientes. La presencia del tomate beneficia porque aumenta el contenido de vitamina C y, por lo tanto, la absorción de hierro.

El contenido en calcio y magnesio es muy bajo, por lo que no se puede considerar esta receta una buena opción para cubrir las necesidades de estos nutrientes. Sí puede considerarse correcta para suplir recomendaciones de vitamina B12 y vitamina D.

Valor nutricional

Energía (kcal) 202,00	AGP (g) 1,98	Vitamina D (µg) 1,25
Proteínas (g) 14,58	Colesterol (mg) 303,00	Calcio (mg) 47,25
Hidratos	Vitamina B12 (µg) 1,42	Hierro (mg) 2,43
de carbono (g) 2,13	Ácido fólico (µg) 49,25	Yodo (µg) 12,73
Fibra vegetal (g) 0,65	Vitamina C (mg) 12,50	Magnesio (mg) 16,60
Lípidos (g) 14,93	Vitamina A (µg) 259,75	Potasio (mg) 278,50
AGS (g) 3,53	Retinol (µg) 156,50	Fósforo (mg) 217,25
AGM (g) 7,65	Carotenos (µg) 619,00	

Tortilla de calabacín y zanahoria

☑ 🥛☑ 🌾☑ ⬭✗ 🐟☑

Las recetas de tortillas de verduras suponen una buena opción para aportar dos tipos de grupos de alimentos en un mismo plato.

Número de comensales: 4
Tiempo: 30 minutos

Ingredientes:
180 g de zanahoria
400 g de calabacín
3 huevos y 2 claras más
Aceite de oliva virgen
Sal
Rodajas enteras de calabacín
para adornar (opcional)

Elaboración

Lavar la zanahoria y el calabacín. Pelar la zanahoria y trocear ambas verduras. Rehogarlas con un poco de aceite. Inicialmente, tapar para ayudar a que los ingredientes se ablanden y cocinar a fuego medio. Una vez el calabacín tenga un color más transparente, destapar, subir el fuego y dorar.

En un bol batir los huevos y las claras. Retirar las verduras del fuego y mezclar con el huevo y un poco de sal. En una sartén muy caliente añadir la mezcla. Dejar cocinar unos tres o cuatro minutos a fuego medio y dar la vuelta a la tortilla. Se puede adornar con rodajas enteras de calabacín.

Consejo de salud

En caso de padecer de colesterol, la receta no cubre la mitad de la recomendación diaria de este lípido, por lo que no supone un problema su consumo. Para complementar el plato se servirá con alimentos ricos en hidratos de carbono, como legumbres, pasta, arroz, pan, etc.

La receta aporta hierro, cuya absorción se verá favorecida por la presencia de la vitamina C que se encuentra en las verduras. La cantidad de calcio de la receta es muy baja, pero en cambio el contenido en B12 cubre la mitad de la recomendación diaria.

Valor nutricional

Energía (kcal) 176,50	AGP (g) 1,45	Vitamina D (µg) 0,70
Proteínas (g) 9,33	Colesterol (mg) 160,50	Calcio (mg) 53,75
Hidratos de carbono (g) 4,88	Vitamina B12 (µg) 0,85	Hierro (mg) 1,70
Fibra vegetal (g) 2,43	Ácido fólico (µg) 56,50	Yodo (µg) 10,68
Lípidos (g) 12,80	Vitamina C (mg) 14,75	Magnesio (mg) 22,88
AGS (g) 2,48	Vitamina A (µg) 700,50	Potasio (mg) 416,50
AGM (g) 7,48	Retinol (µg) 88,00	Fósforo (mg) 142,00
	Carotenos (µg) 3.674,75	

Tortilla de hongos

🥜 ✓   🍼 ✗   🌾 ✓   🥚 ✗   🐟 ✓

Al contener verdura (setas, champiñones u otros hongos), el aporte calórico de la receta disminuye. Debe acompañarse por un plato de farináceos.

Número de comensales: 4
Tiempo: 30 minutos

Ingredientes:
400 g de setas (u hongos)
130 g de cebolla
3 huevos y 2 claras
20 g de queso mozzarella rallado
Aceite de oliva virgen

Elaboración

Lavar las setas (u hongos) en caso de que sean frescas y cortarlas en trozos pequeños. En una sartén con un poco de aceite saltearlas hasta que estén bien cocinadas. Pelar la cebolla, cortarla en dados pequeños y rehogar con las setas durante unos cinco minutos.

Batir los huevos junto con las claras en un bol y mezclar el salteado y el queso. En una sartén caliente añadir la mezcla y cocinar durante unos 5 minutos. Dar la vuelta a la tortilla y dejar unos minutos.

Consejo de salud

Las setas (hongos) son alimentos muy ricos en minerales, ya que los obtienen del suelo. Entre otros, contienen potasio, fósforo, calcio y hierro. Son altamente antioxidantes y contribuyen a mantener un buen estado de salud del sistema inmunológico.

Al tener tan poco contenido en calorías y grasas, la receta puede aprovecharse para consumir frutos secos. Estos ofrecen un mayor aporte de grasas omega 3 y, por lo tanto, contribuyen a cubrir las necesidades de este lípido, esencial para mantener un sistema cardiovascular saludable.

En la receta se utiliza queso rallado, que puede contener gluten en su composición. Según el grado de intolerancia a la lactosa, deberá eliminarse o no el queso de la receta.

Valor nutricional

Energía (kcal) 165,50	AGP (g) 1,73	Vitamina D (µg) 0,70
Proteínas (g) 11,90	Colesterol (mg) 164,50	Calcio (mg) 71,50
Hidratos	Vitamina B12 (µg) 0,88	Hierro (mg) 1,80
de carbono (g) 2,40	Ácido fólico (µg) 42,75	Yodo (µg) 21,43
Fibra vegetal (g) 2,00	Vitamina C (mg) 5,15	Magnesio (mg) 19,25
Lípidos (g) 11,60	Vitamina A (µg) 99,50	Potasio (mg) 448,00
AGS (g) 2,70	Retinol (µg) 98,00	Fósforo (mg) 219,25
AGM (g) 5,85	Carotenos (µg) 6,20	

Almejas a la marinera

🥜 ✓ 🍼 ✓ 🌾 ✗ 🥚 ✓ 🐟 ✓

Receta con un aporte calórico muy bajo, se puede complementar con un plato rico en farináceos y verduras, como por ejemplo pasta con verduras.

Número de comensales: 4
Tiempo: 45 minutos

Ingredientes:
1 kg de almejas
140 g de cebolla
2 dientes de ajo
200 ml de vino blanco
Una cucharada sopera de harina
Perejil
Aceite de oliva

Elaboración
Preparar una olla con agua y sal y dejar las almejas media hora en remojo.

Pelar la cebolla y los ajos y picarlos. Preparar una sartén con aceite y a fuego lento cocinar los ingredientes hasta que estén dorados. Añadir entonces el vino y dejar que se evapore el alcohol. Añadir la cucharada de harina sin dejar de remover para que no se formen grumos.

Añadir las almejas y dejar unos minutos hasta que todas estén abiertas y entonces añadir un poco de perejil picado. Dejar cocinar hasta que estén listas.

Consejo de salud

La almeja es un molusco rico en vitamina A. Aporta cantidades importantes de vitamina D, hierro y selenio. Y su contenido calórico es reducido. El marisco es una buena opción para sustituir la proteína del huevo y la del pescado en caso de no tolerar este tipo de alimentos.

En la receta se incluye la harina como ingrediente. Puede utilizarse harina de maíz o de arroz, vigilando que en el etiquetado del envase no se mencionen posibles trazas de gluten.

Esta receta aporta poco ácido fólico, por lo que es interesante que se utilice verdura en el plato que se realice para acompañar las almejas.

Valor nutricional

NUTRIENTES Y APORTE POR RACIÓN

Energía (kcal) 152,00	AGP (g) 0,60	Vitamina D (µg) 0,00
Proteínas (g) 10,60	Colesterol (mg) 21,25	Calcio (mg) 42,50
Hidratos	Vitamina B12 (µg) 0,00	Hierro (mg) 9,23
de carbono (g) 6,50	Ácido fólico (µg) 13,08	Yodo (µg) 20,28
Fibra vegetal (g) 0,80	Vitamina C (mg) 2,38	Magnesio (mg) 39,75
Lípidos (g) 5,75	Vitamina A (µg) 56,75	Potasio (mg) 301,50
AGS (g) 0,95	Retinol (µg) 56,25	Fósforo (mg) 130,50
AGM (g) 3,78	Carotenos (µg) 2,68	

Bacalao con tomate y aceitunas

Es una receta con un aporte calórico bajo. Es rica en proteínas de alto valor biológico, pero carece de hidratos de carbono. Lo ideal es complementar este plato con algún farináceo.

Número de comensales: 4

Tiempo: 45 minutos

Ingredientes:

230 g de tomate en rama
140 g de cebolla
600 g de lomo de bacalao
100 ml de vino blanco
100 g de aceitunas negras sin hueso
Aceite de oliva virgen

Elaboración

Lavar el tomate y cortarlo en rodajas finas. Pelar la cebolla y cortarla también en rodajas.

Precalentar el horno a 220 °C. En una fuente para horno echar un poco de aceite y extender los lomos de bacalao. Echar el vino blanco y colocar las rodajas de tomate y cebolla encima del bacalao. Hornear durante 25 minutos. Un par de minutos antes de apagar el horno añadir las aceitunas.

Consejo de salud

El plato cubre casi toda la recomendación diaria de vitaminas B12 y D. Su nivel de ácido fólico es bajo ya que los ingredientes que componen la receta no son especialmente ricos en este nutriente.

Las aceitunas negras son ricas en ácido oleico, una grasa monoinsaturada beneficiosa para la salud. Son ricas en vitamina E, un nutriente altamente antioxidante que refuerza el funcionamiento del sistema inmunológico.

Para las personas con alergia al huevo, la proteína del pescado supone una buena opción. A excepción del pescado, no hay ningún ingrediente que contenga un alérgeno.

Valor nutricional

Energía (kcal) 263,50	AGP (g) 1,88	Vitamina D (µg) 1,73
Proteínas (g) 24,98	Colesterol (mg) 45,50	Calcio (mg) 66,00
Hidratos	Vitamina B12 (µg) 1,60	Hierro (mg) 1,43
de carbono (g) 4,60	Ácido fólico (µg) 31,25	Yodo (µg) 232,25
Fibra vegetal (g) 2,20	Vitamina C (mg) 24,25	Magnesio (mg) 45,75
Lípidos (g) 13,98	Vitamina A (µg) 140,25	Potasio (mg) 780,75
AGS (g) 1,98	Retinol (µg) 8,68	Fósforo (mg) 292,25
AGM (g) 9,03	Carotenos (µg) 706,50	

Bacalao en salsa

🥜 ✓   🥛 ✓   🌾 ✓   🥚 ✓   🐟 ✗

Este plato es muy pobre en calorías e hidratos de carbono, pero muy rico en proteínas de alto valor biológico, vitaminas y minerales. Es ideal para complementar un plato inicial bastante calórico.

Número de comensales: 4
Tiempo: 45 minutos

Ingredientes:
130 g de cebolla
2 dientes de ajo
500 g de tomates cherry
600 g de lomo de bacalao desalado
Aceite de oliva virgen

Elaboración

En una cazuela con un poco de aceite y a fuego bajo, pochar la cebolla picada y los dientes de ajo. Cuando la cebolla esté transparente, lavar los tomatitos y partirlos por la mitad. Añadirlos al sofrito y cocinar aproximadamente durante 10 minutos.

Enharinar los lomos de bacalao. En una fuente para horno, colocar en la base el sofrito anterior y encima los lomos de bacalao. Introducir en el horno previamente precalentado a 175 °C unos 15 minutos.

Consejo de salud

Los pocos hidratos de carbono de esta receta proceden de la cebolla y el tomate, ya que el bacalao apenas tiene azúcares. Estos alimentos también aportan la poca fibra de la receta.

El bacalao ofrece una proteína muy buena para el cuerpo y una grasa muy sana. El contenido en vitamina B12 es alto, así como el de vitamina D. Estos nutrientes sustituyen al huevo, si tenemos en cuenta que también se aporta vitamina A procedente del tomate. Es un plato con un contenido importante en vitaminas y minerales por lo que es interesante para evitar posibles carencias de nutrientes por problemas de absorción intestinal.

Aparte del pescado, en la receta no hay ningún ingrediente que pueda resultar de riesgo para las personas con alergia o intolerancia alimentaria.

Valor nutricional

Energía (kcal) 210,75	AGP (g) 1,28	Vitamina D (µg) 1,73
Proteínas (g) 25,00	Colesterol (mg) 45,50	Calcio (mg) 55,00
Hidratos	Vitamina B12 (µg) 1,60	Hierro (mg) 1,38
de carbono (g) 5,98	Ácido fólico (µg) 46,75	Yodo (µg) 232,25
Fibra vegetal (g) 2,20	Vitamina C (mg) 36,25	Magnesio (mg) 43,25
Lípidos (g) 9,18	Vitamina A (µg) 264,00	Potasio (mg) 807,50
AGS (g) 1,33	Retinol (µg) 8,68	Fósforo (mg) 298,50
AGM (g) 5,65	Carotenos (µg) 1.532,25	

Mejillones gratinados

Es una receta con un aporte calórico bajo. Es rica en proteínas gracias al mejillón. Se puede complementar la comida con un plato que contenga farináceos.

Número de comensales: 4
Tiempo: 30 minutos

Ingredientes:
1 kg de mejillones
130 g de cebolla
2 dientes de ajo
150 g de tomate
2 cucharadas de pan rallado
Aceite de oliva virgen
120 g de queso mozzarella rallado

Elaboración

Limpiar los mejillones con un cuchillo, raspando las cáscaras y retirando las barbas. Abrirlos en una cazuela con agua hirviendo y una pizca de sal. Escurrir y retirar una de las cáscaras de cada mejillón. Picar la cebolla, los dientes de ajo y pocharlos. Pelar el tomate, picar e incorporarlo al sofrito anterior. Pochar todo unos 10 minutos.

Mezclar el pan rallado con el sofrito y añadirlo a los mejillones reservados. Colocar los mejillones en una bandeja para horno y espolvorear el queso por encima antes de hornear.

Consejo de salud

El aporte de calcio es elevado, por lo que supone un aspecto importante para las personas con alergia o intolerancia a la leche y los celiacos. Además, la concentración de calcio es muy parecida a la del fósforo, por lo que su absorción no se verá alterada.

El contenido en B12 es realmente muy elevado. Sobrepasa las recomendaciones diarias, pero esto no supone un problema porque otros días su consumo puede ser bajo.

Debe utilizarse pan rallado sin gluten en el caso de que se sea celíaco y vigilar que dicho alérgeno no esté en el etiquetado de la mozzarella. Este último alimento debe eliminarse si se padece alergia o intolerancia a la leche.

Valor nutricional

Energía (kcal) 220,50	AGP (g) 1,18	Vitamina D (µg) 0,03
Proteínas (g) 13,68	Colesterol (mg) 102,25	Calcio (mg) 255,25
Hidratos de carbono (g) 9,73	Vitamina B12 (µg) 5,20	Hierro (mg) 3,18
Fibra vegetal (g) 1,30	Ácido fólico (µg) 37,75	Yodo (µg) 70,00
Lípidos (g) 13,83	Vitamina C (mg) 13,58	Magnesio (mg) 33,50
AGS (g) 4,50	Vitamina A (µg) 172,50	Potasio (mg) 343,00
AGM (g) 7,03	Retinol (µg) 93,50	Fósforo (mg) 280,00
	Carotenos (µg) 461,50	

Merluza con guarnición

✓ ✓ ✓ ✓ ✗

Esta receta es muy pobre en contenido calórico y es muy rica en proteínas.

Número de comensales: 4
Tiempo: 45 minutos

Ingredientes:

800 g de lomos de merluza
300 g de judías verdes
2 dientes de ajo
Zumo de un limón
Perejil
Aceite de oliva virgen
Perejil picado

Elaboración

Marinar los lomos de merluza con el zumo de limón y un poco de pimienta durante unos 15 minutos antes de pasarlos por la plancha. Lavar bien las judías verdes y retirarles los extremos. Trocearlas y cocerlas en agua hirviendo con sal durante 5 minutos. Escurrir y pasarlas por agua fría.

Picar los dientes de ajo y sofreírlos en una sartén con un poco de aceite de oliva. Añadir las judías y saltearlas a fuego lento durante 3 minutos. Calentar la plancha y añadir un poco de aceite. Colocar la merluza y cocinarla hasta que coja un color blanquecino. Servir con las judías y el perejil.

Consejo de salud

Esta receta aporta cierta cantidad de verdura, por lo que puede complementarse la comida con un plato en el que el ingrediente principal sea un farináceo.

La merluza es un pescado blanco con un contenido graso y calórico bajo. Es una buena fuente de vitaminas del grupo B y de minerales como el potasio, el fósforo y el magnesio.

Excepto el pescado, la receta no contiene ningún otro alérgeno.

Valor nutricional

Energía (kcal) 179,75	AGP (g) 1,35	Vitamina D (µg) 0,00
Proteínas (g) 21,95	Colesterol (mg) 114,00	Calcio (mg) 91,75
Hidratos	Vitamina B12 (µg) 1,88	Hierro (mg) 2,58
de carbono (g) 3,15	Ácido fólico (µg) 63,50	Yodo (µg) 48,50
Fibra vegetal (g) 1,65	Vitamina C (mg) 16,13	Magnesio (mg) 58,00
Lípidos (g) 8,45	Vitamina A (µg) 47,75	Potasio (mg) 667,50
AGS (g) 1,35	Retinol (µg) 0,00	Fósforo (mg) 268,25
AGM (g) 4,43	Carotenos (µg) 285,75	

Salmón con pimientos y rúcula

🥜 ✓ 🥛 ✓ 🌾 ✓ 🥚 ✓ 🐟 ✗

Es una receta con un elevado contenido en proteínas y cierto aporte de fibra. Carece de farináceos, por lo que resulta interesante complementar la comida con este grupo de alimentos.

Número de comensales: 4
Tiempo: 30 minutos

Ingredientes:
600 g de lomos de salmón frescos
300 g de pimientos verde y rojo
400 g de rúcula fresca
Aceite de oliva
Sal y pimienta

Elaboración

Salpimentar los lomos de salmón y cocinar en una plancha caliente untada con un poco de aceite. Dejar hacer a fuego medio hasta que el salmón coja un tono rosado. Retirar del fuego y reservar.

Lavar el pimiento y la rúcula. Cortar el pimiento en tiras finas y saltear con un poco de aceite en una sartén a fuego alto durante unos minutos. Servir el salmón con la rúcula aliñada y los pimientos.

Consejo de salud

El salmón es un pescado rico en omega 3. Este tipo de grasa es fundamental para mantener en buen estado la salud cardiovascular. El aporte de vitaminas B12 y D de la receta es muy elevado gracias al salmón, por lo que resulta ideal para cubrir las necesidades diarias de estos nutrientes. El hierro presente cubre un cuarto de la ingesta diaria recomendada. Por su parte, la rúcula es una hortaliza rica en vitamina A en forma de carotenos. También contiene una gran cantidad de vitamina C. Por tanto, se considera que es un alimento altamente antioxidante.

Excepto el pescado, la receta no contiene ningún ingrediente que pueda suponer un peligro de incorporar un alérgeno.

Valor nutricional

Energía (kcal) 320,75	AGP (g) 4,98	Vitamina D (µg) 11,70
Proteínas (g) 25,75	Colesterol (mg) 57,00	Calcio (mg) 57,00
Hidratos de carbono (g) 2,05	Vitamina B12 (µg) 4,65	Hierro (mg) 2,08
	Ácido fólico (µg) 67,25	Yodo (µg) 36,00
Fibra vegetal (g) 2,25	Vitamina C (mg) 77,25	Magnesio (mg) 43,75
Lípidos (g) 22,78	Vitamina A (µg) 174,75	Potasio (mg) 636,50
AGS (g) 3,85	Retinol (µg) 15,75	Fósforo (mg) 332,50
AGM (g) 9,93	Carotenos (µg) 952,00	

Chuletitas de cordero con guarnición

Tiene un aporte calórico alto. Su contenido en hidratos de carbono no es muy elevado, por lo que deberá compensarse esta carencia a lo largo del día.

Número de comensales: 4
Tiempo: 30 minutos

Ingredientes:
320 g de patata
120 g de cebolla
250 g de guisantes
560 g de chuletitas de cordero
Aceite de oliva

Elaboración

Pelar la patata y cortarla en dados. Pelar la cebolla y cortarla en tiras. Cocer la patata durante 8 minutos y después introducir la cebolla y los guisantes. Dejar cocinar durante unos 5 minutos más. Escurrir y en una sartén saltear los ingredientes hervidos unos 3 minutos sin dejar de remover. Retirar y reservar.

Calentar la plancha a fuego alto con unas gotas de aceite y añadir la carne. Dorar por un lado durante unos 3 minutos, girarla y dejarla otros 3 minutos más por el otro lado. Retirar y salar. Servir con la guarnición.

Consejo de salud

El aporte en lípidos es considerable y destaca el contenido en colesterol. Estos valores son sobre todo causados por el cordero. Es un animal cuya carne es muy rica en grasas. La ventaja del cordero es que es rico en vitaminas del grupo B y hierro. La carne de los animales jóvenes contiene menos grasa, pero también menos proteínas.

La receta cubre la mitad de las necesidades diarias de vitamina B12. Es rica en potasio y fósforo, como también en hierro, lo que supone un beneficio para las personas con celiaquía. No hay ningún ingrediente que suponga un riesgo de contener alérgenos.

Valor nutricional

NUTRIENTES Y APORTE POR RACIÓN

Energía (kcal) 439,00	AGP (g) 2,68	Vitamina D (µg) 0,00
Proteínas (g) 23,03	Colesterol (mg) 85,75	Calcio (mg) 41,50
Hidratos	Vitamina B12 (µg) 1,18	Hierro (mg) 4,80
de carbono (g) 16,88	Ácido fólico (µg) 48,50	Yodo (µg) 11,18
Fibra vegetal (g) 4,45	Vitamina C (mg) 20,28	Magnesio (mg) 44,75
Lípidos (g) 30,00	Vitamina A (µg) 43,25	Potasio (mg) 653,50
AGS (g) 11,15	Retinol (µg) 0,00	Fósforo (mg) 243,00
AGM (g) 13,50	Carotenos (µg) 258,75	

Muslos de pollo con mango

🥜 ✓ 🥛 ✓ 🌾 ✗ 🥚 ✓ 🐟 ✓

Receta poco calórica, es ideal para salir de la rutina alimentaria e innovar utilizando la fruta en un plato principal.

Número de comensales: 4
Tiempo: 30 minutos

Ingredientes:
2 cucharadas de harina
500 g de muslos de pollo
300 g de mango
50 ml de zumo de mango
130 g de pepino
Pimienta, sal y aceite de oliva
Brócoli para adornar (opcional)

Elaboración
En un bol poner las cucharadas de harina, pimenta, sal y un poco de aceite de oliva. Rebozar los muslos de pollo en esa mezcla.

Sacar la pulpa del mango y ponerla en el vaso de la batidora junto con el zumo de mango y el pepino. Batir todos los ingredientes hasta conseguir la textura deseada. Freír los muslos de pollo hasta dorarlos. Retirar el exceso de aceite y añadir la mezcla de mango. Servir con brócoli.

Consejo de salud

La salsa de mango aporta muchos antioxidantes. El contenido en carbohidratos de este plato es bajo, por lo que puede complementarse con farináceos. Destaca el aporte de vitamina A, pero en cambio no es una receta muy rica en minerales.

Antes de madurar, el mango es muy rico en vitamina D. Si se cuece el mango, se elimina un poco la acidez de la fruta y se obtiene el beneficio la vitamina D. Es una fruta bastante calórica por su alto contenido en hidratos de carbono. Contiene además ácido fólico, una vitamina que ayuda a mantener en buen estado los glóbulos rojos de la sangre.

En caso de intolerancia al gluten, la harina a utilizar deberá ser de arroz o de maíz.

Valor nutricional

Energía (kcal) 208,25	AGP (g) 2,08	Vitamina D (µg) 0,00
Proteínas (g) 10,80	Colesterol (mg) 40,75	Calcio (mg) 19,35
Hidratos	Vitamina B12 (µg) 0,00	Hierro (mg) 1,18
de carbono (g) 11,05	Ácido fólico (µg) 30,25	Yodo (µg) 4,80
Fibra vegetal (g) 1,28	Vitamina C (mg) 23,15	Magnesio (mg) 22,68
Lípidos (g) 13,15	Vitamina A (µg) 109,75	Potasio (mg) 256,50
AGS (g) 2,90	Retinol (µg) 0,00	Fósforo (mg) 107,75
AGM (g) 6,95	Carotenos (µg) 645,50	

Nuggets de pollo

🥜 ✓　🥛 ✗　🌾 ✗　🥚 ✗　🐟 ✓

Es una receta que aporta bastantes calorías, pero estas siempre serán inferiores que si se adquieren los nuggets ya preparados porque en casa es más fácil controlar el origen de los ingredientes que se utilizan para cocinar.

Número de comensales: 4

Tiempo: 30 minutos

Ingredientes:

600 g de pechuga de pollo
40 g de pan de molde
130 ml de leche desnatada
60 g de queso para untar
Harina
2 huevos
Pan rallado
Pimienta y sal
Aceite de oliva

Elaboración

Triturar el pollo. Poner las rebanadas de pan de molde con la leche en un plato y dejar durante media hora, para que el pan se empape bien y esté muy blando.

Poner el pollo en un plato y mezclar con el pan bien escurrido y con el queso. Añadir un poco de pimienta y sal al gusto y amasar. Cuando la masa esté bien compacta, hacer unas bolas y pasar por la harina. Posteriormente, por el huevo y por el pan rallado. Freír en abundante aceite muy caliente y sacar cuando estén doradas.

Consejo de salud

El contenido en colesterol realmente es muy elevado por los huevos, el queso, la leche, etc. Por eso es una receta que debe consumirse en un día en el que no se hayan comido muchos alimentos de origen animal. Destaca su cantidad de calcio, potasio y fósforo.

La receta presenta muchos alérgenos ya que contiene gluten, lactosa y huevo. En el caso de sufrir celiaquía, deben sustituirse los ingredientes por otros especiales, como por ejemplo el pan rallado o rebanadas de pan sin gluten.

Valor nutricional

Energía (kcal) 432,00	AGP (g) 4,30	Vitamina D (µg) 0,50
Proteínas (g) 41,25	Colesterol (mg) 202,25	Calcio (mg) 207,00
Hidratos	Vitamina B12 (µg) 0,85	Hierro (mg) 2,55
de carbono (g) 10,70	Ácido fólico (µg) 36,00	Yodo (µg) 21,90
Fibra vegetal (g) 0,63	Vitamina C (mg) 6,75	Magnesio (mg) 49,75
Lípidos (g) 24,68	Vitamina A (µg) 92,50	Potasio (mg) 479,00
AGS (g) 7,33	Retinol (µg) 88,75	Fósforo (mg) 468,75
AGM (g) 10,63	Carotenos (µg) 2,60	

Pollo relleno de patatas fritas

El aporte calórico es algo elevado debido al aceite usado para freír las patatas. Pueden hacerse cocidas y así se conseguirá reducir la cantidad de energía de este plato.

Número de comensales: 4
Tiempo: 30 minutos

Ingredientes:
360 g de patata
560 g de pechuga de pollo fileteada
Aceite de oliva
Cebolla frita y romero para decorar (opcional)

Elaboración

Pelar las patatas y cortarlas en tiras finas. Poner una sartén con abundante aceite y, cuando esté caliente, freír las patatas durante 10 minutos o hasta que empiecen a estar doradas. Retirar del fuego, salarlas y dejarlas sobre un papel absorbente.

Calentar la plancha y hacer los filetes de pollo durante un par de minutos por cada lado. Retirarlos. Poner unas patatas en el centro de cada filete y enrollarlo. Si no se sujeta, clavar un palillo en el centro.

Consejo de salud

El pollo es una de las carnes con menos contenido en grasas saturadas. El contenido en lípidos de esta carne se encuentra mayoritariamente en la piel, por lo que basta con retirarla cuando se va a preparar un plato. La patata aporta cierta cantidad de vitamina C y mucha de potasio y fósforo. Además de estos nutrientes, la receta no es muy destacable en otros, a excepción de hierro y la vitamina B12.

El plato no contiene ningún alérgeno de los explicados en el libro y tampoco riesgo de contaminación cruzada.

Valor nutricional

Energía (kcal) 382,00	AGP (g) 1,38	Vitamina D (µg) 0,00
Proteínas (g) 61,75	Colesterol (mg) 112,25	Calcio (mg) 24,55
Hidratos	Vitamina B12 (µg) 1,30	Hierro (mg) 2,80
de carbono (g) 10,65	Ácido fólico (µg) 33,25	Yodo (µg) 6,85
Fibra vegetal (g) 1,50	Vitamina C (mg) 12,25	Magnesio (mg) 65,00
Lípidos (g) 10,05	Vitamina A (µg) 5,63	Potasio (mg) 1.130,75
AGS (g) 2,00	Retinol (µg) 4,98	Fósforo (mg) 559,25
AGM (g) 5,88	Carotenos (µg) 3,75	

Ternera guisada con verduras

Un guiso es un tipo de cocción que permite mantener gran parte de los nutrientes de los ingredientes utilizados, ya que estos quedan en el jugo y no se pierden.

Número de comensales: 4

Tiempo: 1 hora y 30 minutos

Ingredientes:

600 g de carne magra de ternera

140 g de cebolla

130 g de pimientos rojo y verde

300 g de tomate

3 patatas medianas

180 g de zanahoria

Un diente de ajo

Caldo de carne

Elaboración

En una olla poner un poco de aceite y sellar la carne. Pelar y trocear la cebolla para pochar junto a la carne. Lavar los pimientos y cortarlo a tiras finas. Pelar el tomate, la patata y la zanahoria y cortarlos en dados pequeños. Pelar y picar el ajo.

Poner todas las verduras con la cebolla y la carne y añadir un vaso de caldo. Dejar cocer una hora y si se reduce mucho el caldo, añadir de nuevo. Si el caldo queda muy líquido, añadir una cucharada de harina.

Consejo de salud

La zanahoria ofrece una gran cantidad de carotenos en esta receta, haciéndola muy rica en sustancias antioxidantes. Es un plato con mucho potasio, magnesio y fósforo, aunque algo pobre en calcio. La carne de ternera, una vez se ha eliminado la grasa visible, es muy magra, por lo que su contenido en grasa no es muy elevado. Es rica en vitaminas del grupo B, por lo que aporta cierta cantidad de vitamina B12. Cuando más viejo sea el animal del que se extrae la carne, más rica será esta en minerales y menos en vitaminas.

El único ingrediente con riesgo de introducir un alérgeno a la receta es el caldo si ha sido comprado: debe leerse bien el etiquetado y asegurarse de que no contiene lactosa ni gluten.

Valor nutricional

Energía (kcal)	338,75	AGP (g)	0,60
Proteínas (g)	36,00	Colesterol (mg)	88,75
Hidratos de carbono (g)	26,00	Vitamina B12 (µg)	3,00
		Ácido fólico (µg)	73,25
Fibra vegetal (g)	5,48	Vitamina C (mg)	81,50
Lípidos (g)	9,03	Vitamina A (µg)	869,75
AGS (g)	3,30	Retinol (µg)	0,19
AGM (g)	3,50	Carotenos (µg)	5.104,25

Vitamina D (µg)	0,00
Calcio (mg)	50,00
Hierro (mg)	4,55
Yodo (µg)	14,80
Magnesio (mg)	68,00
Potasio (mg)	1.425,75
Fósforo (mg)	408,75

Arroz con leche

Es un postre muy calórico, pero basta con disminuir la cantidad a consumir de postre.

Elaboración

Poner el arroz en un colador y lavarlo bajo el grifo de agua. Cuando salga el agua clara, dejar escurrir bien. En un cazo poner el litro de leche con el azúcar, la cáscara de limón y las ramas de canela a fuego medio hasta que hierva la leche. En el momento en que hierva, añadir el arroz e ir removiendo. Dejar a fuego medio durante una hora aproximadamente e ir removiendo para que no se pegue.

Retirar del fuego cuando el arroz haya absorbido casi toda la leche, retirar las ramas de canela y la peladura de limón y añadir la mantequilla, removiendo para que se mezcle bien. Dejar reposar y enfriar. Servir con canela en polvo espolvoreada por encima.

Número de comensales: 4
Tiempo: 1 hora y 30 minutos

Ingredientes:
200 g de arroz de grano redondo
1 l de leche semidesnatada
125 g de azúcar
Cáscara de un limón
2 ramas de canela
25 g de mantequilla
Canela en polvo

Consejo de salud

Al contener mantequilla y leche, el aporte de grasas saturadas es elevado, al igual que el de colesterol. La cantidad de vitaminas no es muy destacable, pero en cambio sí es importante la concentración de minerales. Aporta una cantidad elevada de calcio, fósforo y magnesio, por lo que es muy recomendable para mantener en buen estado la salud de los huesos.

Tanto la canela como la mantequilla pueden contener gluten, por lo que debe leerse el etiquetado de estos ingredientes en el caso de que se quiera realizar el postre sin este alérgeno.

Valor nutricional

NUTRIENTES Y APORTE POR RACIÓN

Energía (kcal) 485,00	AGP (g) 0,40	Vitamina D (µg) 0,10
Proteínas (g) 12,15	Colesterol (mg) 33,75	Calcio (mg) 336,00
Hidratos	Vitamina B12 (µg) 0,75	Hierro (mg) 1,20
de carbono (g) 84,25	Ácido fólico (µg) 17,10	Yodo (µg) 31,00
Fibra vegetal (g) 1,38	Vitamina C (mg) 1,65	Magnesio (mg) 46,25
Lípidos (g) 10,70	Vitamina A (µg) 102,75	Potasio (mg) 450,00
AGS (g) 6,78	Retinol (µg) 97,25	Fósforo (mg) 304,75
AGM (g) 3,05	Carotenos (µg) 32,50	

« Crème brûlée »

Este postre es un clásico de la cocina que resulta muy calórico. Los frutos rojos decorativos no han sido contemplados en la tabla nutricional.

Elaboración

Poner la leche, la cáscara de limón y la rama de canela en un cazo a fuego medio-alto. Cuando empiece a hervir, dejar cocer un par de minutos y retirar la cáscara de limón y la canela. Batir las yemas junto con el azúcar y después añadir lentamente la maicena hasta conseguir una mezcla homogénea. Poner la mezcla a cocer a fuego lento y añadir lentamente la leche hirviendo, removiendo sin parar para que no se pegue. Retirar del fuego y colocar en moldes. Espolvorear una cucharada de postre colmada de azúcar encima de cada recipiente y con un quemador calentar hasta que se caramelice.

Número de comensales: 8
Tiempo: 1 hora

Ingredientes:
1 l de leche
Cáscara de un limón
Una rama de canela
6 yemas de huevo grandes
120 g de azúcar
40 g de maicena o harina de maíz
Fresas (opcional)

Consejo de salud

La mayor aportación de calorías a la receta procede de las yemas de los huevos. Estas también poseen gran cantidad de colesterol. Para evitar pasarnos de la recomendación diaria de esta grasa puede tomarse este postre en una comida donde los platos principales no contengan casi alimentos de origen animal.

Es una receta rica en calcio debido a la leche. También contiene potasio y fósforo. Destaca la vitamina A aportada mayoritariamente por el huevo.

Este plato está exento de gluten. Y para aquellas personas con alergia o intolerancia a la leche puede elaborarse el postre con bebida de soja, arroz, avena, etc.

Valor nutricional

NUTRIENTES Y APORTE POR RACIÓN

Energía (kcal) 210,00	AGP (g) 1,01	Vitamina D (µg) 0,84
Proteínas (g) 6,55	Colesterol (mg) 197,00	Calcio (mg) 180,50
Hidratos	Vitamina B12 (µg) 0,66	Hierro (mg) 1,45
de carbono (g) 24,25	Ácido fólico (µg) 30,13	Yodo (µg) 17,00
Fibra vegetal (g) 0,68	Vitamina C (mg) 1,86	Magnesio (mg) 19,38
Lípidos (g) 9,45	Vitamina A (µg) 186,38	Potasio (mg) 224,13
AGS (g) 4,25	Retinol (µg) 177,13	Fósforo (mg) 201,25
AGM (g) 3,26	Carotenos (µg) 54,25	

Helado de menta

🥜 ✓ 🍼 ✗ 🌾 ✓ 🥚 ✗ 🐟 ✓

Es una receta muy calórica. Los ingredientes de origen animal contienen grasas saturadas y colesterol.

Número de comensales: 8
Tiempo: 1 hora y 30 minutos

Ingredientes:

500 ml de leche semidesnatada
2 ramitas de menta fresca
30 g de azúcar
5 yemas de huevo
50 ml de licor de menta
700 ml de nata montada
PARA EL SIROPE:
120 ml de agua
Unas gotas de vainilla
200 g de azúcar moreno
50 g de cacao puro en polvo

Elaboración

Calentar la leche con la menta, añadir el azúcar y dejar que hierva durante un par de minutos y retirar las hojas de menta. Triturar parte de ellas y reservarlas. Dejar enfriar la mezcla y añadir las yemas, removiendo pero sin batir para incorporar aire.

Volver a poner al fuego suave hasta que espese. Retirar y dejar enfriar. Mezclar la menta picada y el licor. Incorporar medio litro de nata montada; reservando el resto para decorar. Poner en un molde e dejar en el congelador 2 horas.

Para el sirope, calentar agua y añadir el azúcar y la vainilla, sin dejar de remover para que no se pegue. Retirar del fuego y dejar enfriar un poco, pero sin dejar que se solidifique. Mezclar el cacao lentamente y sin dejar de remover para que no queden grumos.

Consejo de salud

Es recomendable consumir este postre en una comida donde el plato principal no sea muy rico en calorías. Para disminuir el aporte de estas puede usarse nata montada baja en grasa. Y el aporte de calcio es elevado, así como el de vitamina D.

En caso de querer elaborar la receta sin gluten deben verificarse los ingredientes de la nata montada, el cacao y el licor de menta para asegurarse de que no contienen este alérgeno.

Valor nutricional

Energía (kcal) 487,00	AGP (g) 1,43	Vitamina D (µg) 1,64
Proteínas (g) 6,73	Colesterol (mg) 249,38	Calcio (mg) 207,13
Hidratos	Vitamina B12 (µg) 0,86	Hierro (mg) 1,75
de carbono (g) 40,38	Ácido fólico (µg) 31,00	Yodo (µg) 9,09
Fibra vegetal (g) 0,61	Vitamina C (mg) 2,90	Magnesio (mg) 32,88
Lípidos (g) 32,88	Vitamina A (µg) 424,38	Potasio (mg) 365,13
AGS (g) 17,50	Retinol (µg) 391,25	Fósforo (mg) 211,88
AGM (g) 10,40	Carotenos (µg) 133,50	

Macarons de pistacho

🥜✗ 🍼✗ 🌾✓ 🥚✗ 🐟✓

Número: 36 unidades • **Tiempo:** 1 hora y 30 minutos

En esta receta el cálculo de nutrientes se realiza por unidad ya que se pueden consumir en varios días.

Ingredientes:

PARA LOS MACARONS:

205 g de azúcar glas

120 g de almendras en polvo

25 g de pistachos no salados

2 claras de huevo

Una pizca de sal

20 g de azúcar

Unas gotas de colorante verde

PARA EL RELLENO:

40 g de pistachos no salados

40 g de azúcar

100 ml de crema de leche

Unas gotas de vainilla

2 yemas de huevo

20 g de mantequilla

Elaboración

PARA LOS MACARONS, mezclar el azúcar glas con las almendras. Triturar muy bien los pistachos y añadir a la mezcla anterior para conseguir un polvo muy fino. Pasar por un colador y eliminar los grumos. Reservar. Montar las claras a punto de nieve con una pizca de sal. Añadir un poco de azúcar y remover. Incorporar poco a poco el resto de azúcar. Añadir el colorante alimentario.

Hacer unos círculos con la masa y una manga pastelera y colocarlos en la bandeja del horno protegida con papel antiadherente. Precalentar el horno a 170 °C y cocer la masa unos 15 minutos. La masa estará lista cuando ya no esté blanda. Poner un paño húmedo sobre la encimera y colocar encima el papel antiadherente con la masa para despegarla.

Consejo de salud

Es un postre con muchos alérgenos debido a la leche, el huevo, los pistachos y los ingredientes susceptibles de contener gluten. Para las dos primeras alergias no hay opción de sustituir los ingredientes. En el caso del gluten, hay que asegurarse que la crema de leche está exenta de este alérgeno. Por otra parte, los pistachos contienen omega 3, fósforo y potasio.

PARA EL RELLENO, triturar los pistachos y añadir el azúcar. Calentar la crema de leche y añadir la mezcla anterior y unas gotas de vainilla. Cuando empiece a calentarse, añadir las yemas batidas. Retirar del fuego, añadir la mantequilla y dejar enfriar.

PREPARACIÓN: Coger uno de los círculos de masa preparados en el horno para que sea la base y rellenarla con la crema preparada. Tapar con otro de los círculos. Hacer lo mismo con el resto de la masa y el relleno hasta terminarlos.

Valor nutricional

NUTRIENTES Y APORTE POR UNIDAD

Energía (kcal) 68,78	AGP (g) 0,59	Vitamina D (µg) 0,07
Proteínas (g) 1,27	Colesterol (mg) 16,36	Calcio (mg) 18,44
Hidratos de carbono (g) 7,92	Vitamina B12 (µg) 0,04	Hierro (mg) 0,32
	Ácido fólico (µg) 4,25	Yodo (µg) 0,99
Fibra vegetal (g) 0,56	Vitamina C (mg) 0,15	Magnesio (mg) 11,19
Lípidos (g) 3,44	Vitamina A (µg) 18,22	Potasio (mg) 50,17
AGS (g) 0,78	Retinol (µg) 16,81	Fósforo (mg) 31,06
AGM (g) 1,81	Carotenos (µg) 8,47	

Mousse de chocolate

🥜 ✓   🥛 ✗   🌾 ✓   🥚 ✗   🐟 ✓

Es una receta con muchas calorías por los ingredientes utilizados, no solo los azúcares. Esto se debe mayoritariamente a la mantequilla y los huevos.

Número de comensales: 4
Tiempo: 45 minutos

Ingredientes:
100 g de chocolate
70 g de mantequilla
3 huevos
4 cucharadas de azúcar
200 ml de leche semidesnatada
Sal
Barquillos (opcional)

Elaboración

Fundir el chocolate (al baño María) y la mantequilla. Separar las claras de las yemas. Batir a punto de nieve las claras. Para conseguir una buena esponjosidad echar una pizca de sal a las claras y batir de abajo hacia arriba para incorporar aire.

Mezclar las yemas lentamente con el azúcar y agregar la leche y el chocolate. En el último momento añadir las claras a la mezcla anterior y remover hasta que todos los ingredientes queden bien ligados. Dejar reposar durante 5 horas en el frigorífico para que adquiera la textura deseada.

Consejo de salud

El contenido en grasas saturadas y colesterol es elevado. Puede reducirse el aporte calórico sustituyendo el azúcar por edulcorante y la mantequilla por el mismo ingrediente pero bajo en grasa. Igual que en el resto de postres, el contenido en calcio es importante porque muchos de ellos se realizan con leche o derivados lácteos, que son alimentos ricos en este nutriente.

Debe comprobarse en los etiquetados del chocolate y la mantequilla que no contienen gluten. En caso de querer realizar la receta para una persona alérgica o con intolerancia a la leche, hay que asegurarse de usar ingredientes sin lactosa y se puede sustituir la leche de la receta por batido de soja, arroz, avena, etc.

Valor nutricional

Energía (kcal) 438,50	AGP (g) 1,40	Vitamina D (μg) 0,85
Proteínas (g) 9,05	Colesterol (mg) 220,75	Calcio (mg) 149,00
Hidratos	Vitamina B12 (μg) 0,98	Hierro (mg) 1,40
de carbono (g) 31,25	Ácido fólico (μg) 23,90	Yodo (μg) 17,30
Fibra vegetal (g) 0,20	Vitamina C (mg) 0,25	Magnesio (mg) 28,75
Lípidos (g) 30,75	Vitamina A (μg) 261,25	Potasio (mg) 254,25
AGS (g) 17,55	Retinol (μg) 253,50	Fósforo (mg) 199,50
AGM (g) 9,75	Carotenos (μg) 42,75	

Smoothie de mango

Es una receta con un contenido alto en calorías por la fruta elegida. Esta cantidad de energía se ve aumentada porque el mango es una fruta con bastante poder calórico, pero si se sustituye por otra se verá reducido.

Número de comensales: 4
Tiempo: 15 minutos

Ingredientes:
600 g de mango
3 cucharadas soperas de azúcar
500 ml de leche desnatada
3 cucharadas de leche en polvo desnatada
Medio vaso de hielo picado

Elaboración

Pelar y cortar el mango en trozos. Introducir todos los ingredientes (mango, azúcar, los dos tipos de leche y el hielo picado) en el vaso de la batidora y mezclar hasta conseguir la textura deseada. Si se desea, se puede añadir algo más de hielo o de leche, teniendo en cuenta que variarán el valor nutricional y el sabor final.

Consejo de salud

Del postre destaca sobre todo su contenido en sustancias antioxidantes como las vitaminas C y A y minerales. Esto se debe mayoritariamente a los nutrientes aportados por el mango. Es una receta ideal para cuidar de los huesos, ya que contiene mucho calcio, fósforo y magnesio.

Se utiliza la leche en polvo para lograr que el batido adquiera una consistencia más espesa. Además, esto supone un aporte extra de nutrientes a la receta.

En caso de padecer de alergia o intolerancia a la leche, esta puede sustituirse por batido de soja, aunque el sabor se modificará. Para no alterar mucho el aporte de calcio es conveniente que se utilice soja enriquecida con calcio y vitamina D.

Valor nutricional

NUTRIENTES Y APORTE POR RACIÓN

Energía (kcal) 191,25	AGP (g) 0,09	Vitamina D (µg) 0,60
Proteínas (g) 9,55	Colesterol (mg) 4,60	Calcio (mg) 307,00
Hidratos	Vitamina B12 (µg) 0,45	Hierro (mg) 0,58
de carbono (g) 35,75	Ácido fólico (µg) 44,00	Yodo (µg) 32,25
Fibra vegetal (g) 1,68	Vitamina C (mg) 39,25	Magnesio (mg) 68,25
Lípidos (g) 0,78	Vitamina A (µg) 218,75	Potasio (mg) 535,00
AGS (g) 0,25	Retinol (µg) 12,38	Fósforo (mg) 243,25
AGM (g) 0,28	Carotenos (µg) 1.206,25	

Tarta de queso

🥜 ✓ 🍼 ✗ 🌾 ✓ 🥚 ✓ 🐟 ✓

Por sus ingredientes, la receta es muy calórica y tiene un contenido elevado en grasas saturadas.

Número de comensales: 8
Tiempo: 45 minutos

Ingredientes:
230 g de galletas sin gluten
80 g de mantequilla
7 hojas de gelatina neutra
300 ml de leche
60 g de azúcar
200 g de queso cremoso
200 g de nata para montar
210 g de mermelada de frambuesa

Elaboración

Triturar las galletas y mezclarlas con la mantequilla, previamente calentada en microondas o al baño María. En un molde hacer una base con la mezcla. Dejar enfriar en la nevera.

En un cazo con un poco de agua hidratar la gelatina. Poner otro cazo al fuego, a temperatura baja, y echar un vaso de leche, el azúcar, el queso cremoso y la nata, y con una varilla manual mezclar bien los ingredientes. Antes de que empiece a hervir, añadir la gelatina y retirar del fuego. Echar la mezcla en el molde donde anteriormente hemos realizado la base con las galletas. Dejar enfriar en el frigorífico entre 4-5 horas. Antes de servir, echar la mermelada por encima.

Consejo de salud

Destaca su contenido en vitaminas C y A, mayoritariamente aportadas por las frambuesas. La concentración de calcio es bastante superior que la de fósforo, por lo que es más fácil que se absorba más cantidad del primer mineral.

Puede realizarse esta receta con galletas normales en caso de que no se encuentre ningún celíaco en la comida. La mayor parte de ingredientes de la receta son derivados lácteos, por lo que no puede ser consumida por personas con alergia o intolerancia a la lactosa. Y debe comprobarse que la gelatina neutra no se haya obtenido del pescado en caso de alergia.

Valor nutricional

Energía (kcal) 510,13	AGP (g) 1,43	Vitamina D (μg) 0,61
Proteínas (g) 13,13	Colesterol (mg) 95,50	Calcio (mg) 348,00
Hidratos	Vitamina B12 (μg) 0,91	Hierro (mg) 0,86
de carbono (g) 46,00	Ácido fólico (μg) 15,25	Yodo (μg) 9,89
Fibra vegetal (g) 1,20	Vitamina C (mg) 1,71	Magnesio (mg) 29,75
Lípidos (g) 30,88	Vitamina A (μg) 244,13	Potasio (mg) 155,13
AGS (g) 18,00	Retinol (μg) 227,38	Fósforo (mg) 232,00
AGM (g) 8,31	Carotenos (μg) 83,75	

Índice de recetas

Americanismos

Aceite: óleo.

Aceituna: oliva.

Ajo: chalote.

Albaricoque: damasco, albarcorque, chabacano.

Alcachofa: alcahucil, alcuacil, alcací.

Almíbar: jarabe de azúcar, agua dulce, sirope, miel de abeja.

Apio: apio España, celemí, arracachá, esmirnio, panul, perejil, macedonio.

Arroz: casulla, macho, palay.

Atún: abácora, albácora, bonito.

Azúcar glas: azúcar glacé.

Bacalao: abadejo.

Bacón: tocino ahumado.

Berro: balsamita.

Besugo: castañeta, papamosca.

Bizcocho: biscocho, galleta, cauca.

Cacahuete: maní.

Calabacín: calabacita, zambo, zapallito, hoco, zapallo italiano.

Cereza: capulín, capulí.

Champiñón: seta, hongo.

Chocolate: cacao, soconusco.

Chuleta: bife.

Col: repollo.

Coliflor: brócoli, brécol.

Escarola: lechuga crespa.

Frambuesa: mora.

Fresa: frutilla.

Gamba: camarón, langostino.

Garbanzo: mulato.

Gelatina: jaletina, granetina.

Guisante: alverja, arveja, chicharro, petit pois, poroto.

Hierbabuena: hierbasana, hierbamenta, huacatay.

Higo: tuna.

Huevo: blanquillo.

Jamón: pernil.

Judías: frijoles, carotas.

Limón: acitrón, bizuaga.

Maicena: capí.

Maíz: cuatequil, capia, canguil.

Mantequilla: manteca.

Manzana: pero, perón.

Melocotón: durazno.

Merengue: besito.

Merluza: corvina.

Mora: nato.

Nata líquida: crema de leche sin batir.

Nuez: coca.

Pan de molde: pan inglés, pan sándwich, cuadrado, pan de caja.

Pasas: uva pasa, uva.

Pasas de Corinto: uva sin carozo, uva pasa.

Pastel: budin.

Patata: papa.

Pimienta: pebre.

Pimiento: ají, conguito, chiltipiquín, chiltona.

Piña: ananás, abcaxí.

Plátano: banana, banano, cambur, pacoba.

Pomelo: toronja, pamplemusa.

Puerro: ajo-porro, porro.

Requesón: cuajada.

Salchicha: chorizo, cervela, moronga.

Ternera: jata, mamón, becerra, chota, novilla, vitela.

Tomate: jitomate.

Zanahoria: azanoria.

Zumo: jugo.